DEN KOMPLETTE BOG AF CHAI

Lav, smag og omfavn Chai-livsstilen
gennem 100 hurtige og lækre opskrifter

Gitte Bergman

INDHOLDSFORTEGNELSE

INTRODUKTION

Velkommen til "DEN KOMPLETTE BOG AF CHAI", din ultimative guide til at lave, smage og omfavne chai-livsstilen gennem 100 hurtige og lækre opskrifter. Denne bog er en fejring af den rige og aromatiske verden af chai, og guider dig gennem en smagfuld rejse, der udforsker kunsten at lave, nyde og inkorporere chai i forskellige kulinariske lækkerier. Tag med os på dette aromatiske eventyr, der løfter chai fra en elsket drik til en livsstil.

Forestil dig et hyggeligt rum fyldt med den varme og indbydende aroma af friskbrygget chai, ledsaget af dejlige lækkerier tilsat chai-krydderier. "DEN KOMPLETTE BOG AF CHAI" er ikke bare en samling af opskrifter; det er en udforskning af de forskellige smagsvarianter, krydderier og kulturelle betydninger, som chai bringer til bordet. Uanset om du er en chai-entusiast eller ny i verden af krydret te, er disse opskrifter lavet til at inspirere dig til at nyde essensen af chai i hver slurk og bid.

Fra klassisk masala chai til opfindsomme chai-infunderede desserter og salte retter, hver opskrift er en fejring af den alsidighed og varme, som chai giver. Uanset om du er vært for en sammenkomst med chai-tema eller blot ønsker at forbedre din daglige rutine, er denne bog din foretrukne ressource til at opleve hele spektret af chai-smag.

Slut dig til os, mens vi dykker ned i chai-verdenen, hvor hver enkelt kreation er et vidnesbyrd om den trøstende og aromatiske rejse, som chai-elskere værdsætter. Så tag dit yndlingskrus, omfavn krydderiet, og lad os begive os ud på et lækkert og chai-fyldt eventyr gennem "DEN KOMPLETTE BOG AF CHAI."

KLASSISK CHAI

1.Traditionel Masala Chai

INGREDIENSER:
- 2 kopper vand
- 2 kopper mælk
- 4 teskefulde løse teblade eller 4 teposer
- 4 grønne kardemommebælge, knuste
- 1 kanelstang
- 4 nelliker
- 1-tommer ingefær, revet
- Sukker efter smag

INSTRUKTIONER:
a) I en gryde kombineres vand, mælk, kardemomme, kanel, nelliker og ingefær.
b) Bring blandingen i kog, reducer derefter varmen til lav og lad det simre i 5 minutter.
c) Tilsæt tebladene eller teposerne, og lad det simre i yderligere 5 minutter.
d) Si chaien i kopper, og sød med sukker efter smag.

2.Ingefær honning Chai

INGREDIENSER:
- 2 kopper vand
- 2 kopper mælk
- 4 teskefulde sorte teblade eller 4 teposer
- 1 spsk revet frisk ingefær
- 2 spsk honning
- En knivspids sort peber (valgfrit)

INSTRUKTIONER:
a) Kog vand og mælk sammen i en gryde.
b) Tilsæt tebladene eller poserne og revet ingefær.
c) Lad det simre i 7-8 minutter, og lad smagen trække.
d) Fjern fra varmen, si og rør honning i.
e) Tilføj en knivspids sort peber, hvis det ønskes. Serveres varm.

3.Kardemomme Rose Chai

INGREDIENSER:
- 2 kopper vand
- 2 kopper mælk
- 4 teskefulde løse teblade eller 4 teposer
- 6-8 grønne kardemommebælge, knuste
- 1 tsk tørrede rosenblade
- Sukker efter smag

INSTRUKTIONER:
a) Bring vand, mælk, kardemomme og rosenblade forsigtigt i kog i en gryde.
b) Tilsæt tebladene eller poserne, og lad det simre i 5-7 minutter.
c) Si chaien og sød med sukker efter eget ønske.
d) Valgfrit: Pynt med et par tørrede rosenblade inden servering.

4.Chai Kurdi

INGREDIENSER:
- 1 spsk indiske teblade
- 1 kanel; Pind
- vand, kogende
- Sukkerterninger

INSTRUKTIONER:
a) Kom te og kanel i en tekande og hæld det kogende vand i.
b) Lad det trække i 5 minutter.
c) Serveres varm med sukkerterninger.

5.Mintegrøn te Chai

INGREDIENSER:
- 2 kopper vand
- 2 kopper mælk
- 4 teskefulde grønne teblade eller 4 grønne teposer
- 1 spsk friske mynteblade, hakket
- 1-tommer ingefær, revet
- Honning efter smag

INSTRUKTIONER:
a) Kog vand og mælk sammen i en gryde.
b) Tilsæt grønne teblade, revet ingefær og hakkede mynteblade.
c) Lad det simre i 5-7 minutter, så smagen smelter sammen.
d) Si chaien, sød med honning og server varm.

6.Kokosnød Kardemomme Chai

INGREDIENSER:
- 2 kopper vand
- 1 kop kokosmælk
- 1 kop almindelig mælk
- 4 teskefulde løse teblade eller 4 teposer
- 4-6 grønne kardemommebælge, knuste
- 2 spsk revet kokosnød
- Sukker efter smag

INSTRUKTIONER:
a) I en gryde kombineres vand, kokosmælk, almindelig mælk, kardemomme og strimlet kokosnød.
b) Bring blandingen til at simre, og tilsæt derefter tebladene eller poserne.
c) Lad det simre i yderligere 5-7 minutter.
d) Si chai'en, sød med sukker, og nyd den kokosnød-infunderede godhed.

7.R ussisk Chai

INGREDIENSER:

- 2 kopper Tang
- ¾ kop Almindelig instant te
- 1 kop Sukker
- 1 tsk Kanel
- 3 ounce Country Time limonadeblanding
- ½ tsk Nellike
- ½ tsk Allehånde

INSTRUKTIONER:

a) Bland alt.
b) Brug 2 dybe teskefulde per tekop varmt vand.

8.Safran Mandel Chai

INGREDIENSER:

- 2 kopper vand
- 2 kopper mælk
- 4 teskefulde løse teblade eller 4 teposer
- En knivspids safran tråde
- 1/4 kop mandler, fint hakkede
- Sukker efter smag

INSTRUKTIONER:

a) Kog vand og mælk sammen i en gryde.
b) Tilsæt safranstrenge og hakkede mandler.
c) Lad blandingen simre i 5-8 minutter.
d) Tilsæt tebladene eller poserne, stejl, sigt, sød med sukker og server.

9.Pumpkin Spice Chai Latte

INGREDIENSER:
- 2 kopper vand
- 1 kop mælk
- 1/2 kop græskarpuré på dåse
- 4 teskefulde sorte teblade eller 4 teposer
- 1 tsk græskartærtekrydderi
- Ahornsirup eller sukker efter smag

INSTRUKTIONER:
a) Kom vand, mælk, græskarpuré og græskartærtekrydderi i en gryde.
b) Varm blandingen op, indtil den begynder at simre.
c) Tilsæt tebladene eller poserne og lad dem trække i 5-7 minutter.
d) Si chaien, sød med ahornsirup eller sukker, og nyd den efterårsinspirerede godhed.

10.Lavendel Earl Grey Chai

INGREDIENSER:

- 2 kopper vand
- 2 kopper mælk
- 4 tsk Earl Grey teblade eller 4 Earl Grey teposer
- 1 spsk tørrede lavendelknopper
- 1 tsk vaniljeekstrakt
- Honning eller sukker efter smag

INSTRUKTIONER:

a) Kog vand og mælk op i en gryde.
b) Tilsæt Earl Grey teblade, tørrede lavendelknopper og vaniljeekstrakt.
c) Lad det simre i 5-7 minutter, og lad smagene trække.
d) Si chaien, sød med honning eller sukker, og nyd den aromatiske blanding.

11.Saigon Chai

INGREDIENSER:

- 2 spsk Te
- 4 kopper kogende vand
- Citronbåde
- 12 Hele nelliker
- 12 All-spice bær
- 2" kanelstang

INSTRUKTIONER:

a) Placer teen i en opvarmet gryde; tilsæt vand.
b) Tilsæt nelliker, allehånde og kanel; lad trække i 5 minutter.
c) Hæld gennem en si over is i høje glas.
d) Pynt med citron.

12.Chokolade Chili Chai

INGREDIENSER:

- 2 kopper vand
- 2 kopper mælk
- 4 teskefulde sorte teblade eller 4 teposer
- 2 spsk kakaopulver
- 1/2 tsk chilipulver
- Sukker efter smag

INSTRUKTIONER:

a) I en gryde bringes vand, mælk, kakaopulver og chilipulver i kog.

b) Tilsæt tebladene eller poserne og lad dem trække i 5-7 minutter.

c) Si chai'en, sød med sukker, og nyd den rige, chokoladeagtige varme med et strejf af krydderi.

13.Æble kanel Chai

INGREDIENSER:

- 2 kopper vand
- 2 kopper mælk
- 4 teskefulde sorte teblade eller 4 teposer
- 1 æble, skåret i tynde skiver
- 1 kanelstang
- Brun farin eller honning efter smag

INSTRUKTIONER:

a) Kog vand og mælk op i en gryde.
b) Tilsæt teblade, æbleskiver og kanelstangen.
c) Lad det simre i 7-10 minutter, så æblerne bliver bløde og smagen smelter sammen.
d) Si chaien, sød med brun farin eller honning, og nyd den beroligende smag af æble og kanel.

14.Blåbær Vanilje Chai

INGREDIENSER:
- 2 kopper vand
- 2 kopper mælk
- 4 teskefulde sorte teblade eller 4 teposer
- 1/2 kop friske blåbær
- 1 tsk vaniljeekstrakt
- Sukker eller agavesirup efter smag

INSTRUKTIONER:
a) I en gryde bringes vand, mælk, blåbær og vaniljeekstrakt i et forsigtigt opkog.
b) Tilsæt tebladene eller poserne og lad det simre i 5-7 minutter.
c) Si chaien, sød med sukker eller agavesirup, og nyd den dejlige blanding af blåbær- og vaniljenoter.

15.Cayenne Chai

INGREDIENSER:

- 1/8 tsk cayennepulver
- 1 spsk frisk citronsaft
- 1 tsk rå honning
- 1 kop kogt vand

INSTRUKTIONER:

a) Kom cayennepulveret i et krus.

b) Hæld vandet over det. Rør straks

c) Tilsæt citronsaft og honning. Rør igen for at blande det hele

d) Afkøl og drik derefter.

16.Malaysisk Chai

INGREDIENSER:

- 8 kopper Kogende vand
- 4 Poser med grøn te eller
- 8 teskefulde Løse grønne teblade
- ½ tsk Kanel
- ¼ teskefuld Kværnet kardemomme
- 2 spsk Sukker

INSTRUKTIONER:

a) Kom alle ingredienser i en tekande og lad dem trække i 2 minutter.

b) Serveres alene eller med strimlede mandler.

17.Cinnamon Butterscotch Chai

INGREDIENSER:
- 1 kop varm te
- 2 Butterscotch hårde slik
- 1 spsk Honning
- ½ tsk Citronsaft
- 1 Kanelstang

INSTRUKTIONER:
a) Rør, indtil slik smelter, eller fjern eventuelle resterende stykker, før du drikker

18.Orange-muskatnød Chai

INGREDIENSER:
- 1 kop Instant te pulver
- 1 kop Sukker
- 0,15 ounce drinkblanding med appelsinsmag
- 1 tsk Jordnøddermus

INSTRUKTIONER:
a)   I en skål kombineres alle ingredienser; rør til det er godt blandet.

19.Masala Chai

INGREDIENSER:

- 6 kopper -Koldt vand
- ⅓ kop Mælk
- 3" kanelstang
- 6 Grønne kardemomme, hele
- 4 Nellike, hele
- 12 Sort peberkorn
- 12 teskefulde Sukker
- 9 teposer appelsin pekoe

INSTRUKTIONER:

a) Kom vand og mælk i en gryde og bring det i kog.
b) Tilsæt krydderier og sukker.
c) Rør for at blande, og sluk for varmen.
d) Dæk gryden til, og lad krydderierne trække i 10 minutter.
e) Tilsæt tebladene eller teposerne, og bring vandet i kog igen.
f) Reducer varmen og lad det simre under låg i 5 minutter.
g) Si teen over i en varm tekande, og server med det samme.

20.Vanilje karamel Chai Latte

INGREDIENSER:

- 2 kopper vand
- 2 kopper mælk
- 4 teskefulde sorte teblade eller 4 teposer
- 2 spsk karamelsirup
- 1 tsk vaniljeekstrakt
- Sukker efter smag

INSTRUKTIONER:

a) Kom vand, mælk, karamelsirup og vaniljeekstrakt i en gryde.
b) Varm blandingen op, indtil den begynder at simre.
c) Tilsæt tebladene eller poserne og lad det trække i 5-7 minutter.
d) Si chaien, sød med sukker, hvis det ønskes, og nyd din vanilje karamel chai latte.

21.Kanel pære iset Chai

INGREDIENSER:

- ½ kop usødet pærejuice
- 1 kanelstang
- 1 spsk citronsaft
- 2 ½ spsk agave nektar
- 2 spsk frisk ingefær, hakket
- 6 sorte teposer
- 6 kopper vand

INSTRUKTIONER:

a) I en gryde bringes vandet i kog.
b) Sluk for varmen og læg i kanelstangen og teposerne.
c) Lad det trække i fem til syv minutter.
d) kom af med teposerne og læg dem i resten af ingredienserne.
e) Stil på køl i 2 timer før servering.

22.Fed & Muskat Orange Chai

INGREDIENSER:

- 1 tsk stødt nelliker
- 1/4 kop drinksblanding med appelsinsmag
- 1/4 kop instant tepulver med citronsmag
- 1/4 tsk stødt muskatnød

INSTRUKTIONER:

a) Bland alle ingredienser.
b) Flyt til en kande
c) Hæld kogende vand over det.
d) Serveres varm eller afkølet!

23.Anisfrø krydret Chai

INGREDIENSER:

- 1 tsk anisfrø, knuste
- 2 kanelstænger
- 1-tommer ingefær, skåret i skiver
- Honning
- 2 tsk tørret løs Echinacea

INSTRUKTIONER:

a) Kombiner krydderier og Echinacea i en gryde med tre kopper vand.
b) Bring det i kog og lad det simre i 1 8 minutter .
c) Si over i et krus og tilsæt honning .

24.R osmary Wine Chai

INGREDIENSER:

- 1 Flaskeklaret
- 4 kopper sort te som Assam eller Darjeeling
- ¼ kop mild honning
- ⅓ kop sukker
- 2 Appelsiner skåret i tynde skiver og frøet
- 2 Kanelstænger
- 6 Hele nelliker
- 3 Rosmarinkviste

INSTRUKTIONER:

a) Hæld vin og te i en ikke-korroderbar gryde.
b) Tilsæt honning, sukker, appelsiner, krydderier og rosmarin.
c) Lad det simre, indtil det næsten ikke damper. Rør indtil honningen er opløst.
d) Tag gryden af varmen, dæk den til og lad den trække i 30 minutter.

25.Paranødde Chai Tea Latte

INGREDIENSER:

TIL BRASILIENØDDEMÆLK:

- 1 kop rå paranødder
- 3 kopper rent rent vand
- 2 Medjool dadler, udstenede
- 1 tsk vaniljeekstrakt
- 2 spsk kokossmør

TIL MASALA CHAI:

- 2-tommer stykke kanelstang
- 2 stykker stjerneanis
- 10 grønne kardemommebælge, knuste
- 6 hele nelliker
- 10 hele sorte peberkorn
- 6 tynde runde skiver frisk ingefær
- 2 kopper rent rent vand
- 3 tsk løse sorte teblade

INSTRUKTIONER:

TIL BRASILIENØDDEMÆLK:

a) Læg paranødderne i en skål og dæk den med rent vand.

b) Lad sidde i 6 timer eller natten over .

c) Blend nødder med 3 kopper vand, 2 af dadlerne, vaniljen og kokossmørret .

d) Blend ved høj hastighed i cirka 1 minut.

e) Sæt en si over en ren beholder.

f) Læg ostelærred over sien .

g) Hæld den blandede mælk over osteklædet.

TIL MASALA CHAI:

h) Bland alle krydderierne i en gryde med vandet.

i) Varm blandingen op til kogepunktet, og reducer derefter varmen til et simre.

j) Svits krydderierne i 5 minutter. Sluk for varmen.

k) Bland de sorte teblade i og lad det trække i 10 minutter. Si gennem en si.

l) Mål 1 kop/250 ml af nøddemælken i en skål.

m) Hæld langsomt 1/2 kop/125 ml af det varme, krydrede vand i mælken under konstant omrøring.

n) Tilsæt derefter langsomt mælke- og vandblandingen tilbage i resten af det krydrede vand.

26.Pistacie Iced Chai

INGREDIENSER:

- 2 poser sort te Assam te
- 2 kopper varmt vand
- 1 tsk Rose konserves
- 2 tsk pistacienødder blancheret og skåret i skiver
- 2 nelliker
- 1/2-tommer kanel
- 1 Kardemomme
- 1 tsk sukker valgfrit
- 1 knivspids safranstrenge
- 6 isterninger

INSTRUKTIONER

a) Frys serveringsglassene i 10 min .
b) Bind de hele krydderier og teen i et musselinklæde.
c) Bring vandet i kog. Tilsæt musselinklædet til det kogende vand.
d) Lad teposerne og krydderiposen trække i 5 min .
e) Si i en skål. Tilsæt rosenkonserven og ekstra sukker .
f) Bland halvdelen af pistacienødderne i og rør godt.
g) Hæld i de frosne glas.
h) Kom et par flere terninger i, hvis det er nødvendigt. Top med de resterende pistacienødder og safran.
i) Serveres afkølet med det samme.

27.Chai Boba te

INGREDIENSER:

- 1 kop varmt vand
- 2 teposer chai
- 1-2 spsk brun farin
- ⅛ kop mælk
- ⅛ kop inddampet mælk
- ¼ kop tapiokaperler

INSTRUKTIONER:

a) Bring en kop vand i kog.

b) Tilsæt 2 chai teposer og lad det trække i 5 minutter.

c) Hæld det i et glas og mens det stadig er varmt rør 1-2 spsk brun farin, alt efter hvor sødt du ønsker det.

d) Tilsæt derefter inddampet mælk og normal mælk og rør rundt.

e) Tilsæt derefter tapiokaperler.

28.Mintet orange Chai

INGREDIENSER:

- 3 kopper Meget stærk te
- ½ kop Appelsinjuice
- ⅓ kop Citronsaft
- 1 tsk Sukker
- 2 kopper Ingefærøl
- Mynte
- Appelsinskiver

INSTRUKTIONER:

a) Bland te, appelsinjuice, citronsaft og sukker. Chill.
b) Tilsæt 2 kopper ingefærøl.
c) Hæld over is.
d) Pynt med mynte og appelsinskiver. Udbytte: 6 drinks.

29.Rosenrød sort Chai

INGREDIENSER:

- 2 dele rosenblade
- 1 del sort te

INSTRUKTIONER:

a) Læg rosenbladene og sort te i en glaskrukke.
b) Ryst, indtil det er grundigt blandet. Til en servering placeres en teskefuld te i en si.
c) Sæt sien i dit yndlingskrus. Hæld otte ounce kogende vand over teen.
d) Lad trække i højst 5 minutter. Fjern teen og nyd.

30.Hibiscus Rose Chai

INGREDIENSER:

- 2 kopper vand
- 2 kopper mælk
- 4 teskefulde sorte teblade eller 4 teposer
- 2 spsk tørrede hibiscus kronblade
- 1 spsk tørrede rosenblade
- Sukker eller honning efter smag f.eks

INSTRUKTIONER:

a) Bring vand, mælk, hibiscusblade og rosenblade i et forsigtigt kog i en gryde.

b) Tilsæt tebladene eller poserne og lad det simre i 5-7 minutter.

c) Si chai'en , sød med sukker eller honning, og nyd blomsterinfusionen.

31.Arabisk pistacie te Mocktail

INGREDIENSER:

- 2 kopper stærk arabisk sort te, brygget
- ¼ kop afskallede pistacienødder, knuste
- 2 spsk honning eller simpel sirup (tilpas efter smag)
- ½ tsk stødt kardemomme
- ¼ tsk vaniljeekstrakt
- Isterninger
- Knuste pistacienødder til pynt
- Mynteblade og granatæblekerner til pynt

INSTRUKTIONER:

a) Bryg en stærk kop arabisk sort te. Du kan bruge løse teblade eller teposer, alt efter hvad du foretrækker.

b) Knus de afskallede pistacienødder i grove stykker i en morter og støder eller med en foodprocessor. Sæt til side.

c) Kombiner den bryggede sorte te, knuste pistacienødder, honning eller simpel sirup, malet kardemomme og vaniljeekstrakt i en røreskål. Rør godt for at blande smagene.

d) Lad blandingen afkøle til stuetemperatur. Du kan stille det på køl for en hurtigere afkøling.

e) Når de er afkølet, fyldes serveringsglas med isterninger.

f) Hæld den pistacie-infunderede te over isen i hvert glas.

g) Pynt hvert glas med et drys knuste pistacienødder, granatæblekerner og et par mynteblade for et forfriskende strejf.

h) Rør forsigtigt, før du nipper til for at sikre, at alle smagene er godt kombineret.

32.Nutty Chai Bliss

INGREDIENSER:

- 2 kopper varmbrygget chai te
- ¼ kop mandelmælk
- 2 spsk honning
- ¼ tsk stødt kanel
- ¼ teskefuld mandelekstrakt
- Isterninger
- Hakkede pistacienødder til pynt

INSTRUKTIONER:

a) Bryg chai te i henhold til pakkens anvisninger.
b) Bland mandelmælk, honning, stødt kanel og mandelekstrakt i en separat skål.
c) Hæld den bryggede chai-te i glas fyldt med isterninger.
d) Hæld forsigtigt mandelmælkblandingen over chai-teen.
e) Rør let for at kombinere smagene.
f) Pynt med hakkede pistacienødder.

33.Hyderabadi Dum Chai

INGREDIENSER:

- 1 kop vand
- 2 spsk tepulver
- 1 spsk sukker
- 1 tomme ingefær
- 6 bælg kardemomme
- ½ tsk peber
- 1 tommer kanel
- ½ tsk nelliker
- 2 dl mælk

INSTRUKTIONER:

a) Tag først 1 kop vand i en lille beholder.
b) Bind en klud ovenpå med et gummibånd eller en tråd.
c) Tilsæt 2 spsk tepulver, 1 spsk sukker, 1 tomme ingefær, 6 bælge kardemomme, ½ tsk peber, 1 tomme kanel og ½ tsk nelliker.
d) Sæt beholderen i komfuret.
e) Tilsæt lidt vand i bunden af komfuret.
f) Dæk til og trykkog i 1 fløjt eller indtil alle smagene er absorberet af vandet.
g) Efter at trykket er faldet, skal du klemme afkoget fra kluden.
h) Et stærkt teafkog er klar.
i) Tag 2 dl mælk i en gryde og bring det i kog.
j) Tilsæt forberedt teafkog og bland godt.
k) Få teen i kog.
l) Nyd endelig dum ki chai-opskriften med nogle kiks.

MORGENMAD

34.Chai Latte Grød

INGREDIENSER:

- 180 ml letmælk
- 1 spsk let blødt brun farin
- 4 kardemommebælge, flækket op
- 1 stjerneanis
- ½ tsk malet ingefær
- ½ tsk stødt muskatnød
- ½ tsk stødt kanel
- 1 pose havre

INSTRUKTIONER:

a) Kom mælk, sukker, kardemomme, stjerneanis og ¼ teskefuld ingefær, muskatnød og kanel i en lille gryde og bring det i kog under omrøring af og til, indtil sukkeret er opløst.

b) Si over i en kande, kassér de hele krydderier, vend derefter tilbage til gryden og brug den infunderede mælk til at tilberede havren i henhold til pakkens instruktioner. Hæld i en skål.

c) Bland den resterende ¼ teskefuld ingefær, muskatnød og kanel sammen, indtil den er ensartet kombineret, og brug derefter til at pudre toppen af grøden ved at bruge en latteskabelon til at skabe et unikt mønster, hvis du vil.

35.Chai krydret varm chokolade

INGREDIENSER:
- 2 kopper mælk (mejeri eller alternativ mælk)
- 2 spsk kakaopulver
- 2 spsk sukker (tilpas efter smag)
- 1 tsk chai teblade (eller 1 chai tepose)
- ½ tsk stødt kanel
- ¼ tsk stødt kardemomme
- Knip malet ingefær
- Flødeskum og et drys kanel til pynt

INSTRUKTIONER:
a) I en gryde varmes mælken op ved middel varme, indtil den er varm, men ikke kogende.
b) Tilsæt chai-tebladene (eller teposen) til mælken og lad det trække i 5 minutter. Fjern tebladene eller teposen.
c) I en lille skål piskes kakaopulver, sukker, kanel, kardemomme og ingefær sammen.
d) Pisk gradvist kakaoblandingen i den varme mælk, indtil den er godt blandet og glat.
e) Fortsæt med at opvarme den krydrede varme chokolade, rør af og til, indtil den når den ønskede temperatur.
f) Hæld i krus, top med flødeskum, og drys med kanel. Server og nyd!

36.Græskar Chai pandekager

INGREDIENSER:

- 1 kop universalmel
- 2 spsk granuleret sukker
- 1 tsk bagepulver
- ½ tsk bagepulver
- ¼ tsk salt
- 1 tsk stødt kanel
- ½ tsk malet ingefær
- ¼ teskefuld stødt nelliker
- ¼ tsk stødt kardemomme
- ¼ tsk stødt muskatnød
- 1 kop kærnemælk
- ½ kop græskarpuré
- ¼ kop mælk
- 1 stort æg
- 2 spsk smeltet smør

INSTRUKTIONER:

a) I en stor skål piskes mel, sukker, bagepulver, natron, salt, kanel, ingefær, nelliker, kardemomme og muskatnød sammen.

b) I en anden skål piskes kærnemælk, græskarpuré, mælk, æg og smeltet smør sammen.

c) Hæld de våde ingredienser i de tørre ingredienser og rør, indtil de netop er blandet.

d) Opvarm en slip-let stegepande eller stegepande over medium varme og smør den let.

e) Hæld ¼ kop dej på panden for hver pandekage. Kog indtil der dannes bobler på overfladen, vend derefter og kog i yderligere 1-2 minutter.

f) Gentag med den resterende dej. Server pandekagerne med en klat flødeskum, et drys kanel og et skvæt ahornsirup.

37.Krydret havregryn tilsat Chai

INGREDIENSER:

- 3 ½ kopper sødmælk, delt
- 2 kopper vand
- ¼ tsk salt
- 2 kopper gammeldags havregryn
- 1 tsk stødt kanel
- ½ tsk malet ingefær
- ½ tsk stødt kardemomme
- 4 tsk mørk brun farin

TOPPINGS:

- Frugter, frø og nødder

INSTRUKTIONER:

a) I en mellemstor gryde kombineres 3 kopper mælk, 2 kopper vand og saltet. Bring blandingen i kog, utildækket, ved medium-høj varme, under omrøring af og til.

b) Tilsæt havregryn og reducer varmen til medium. Kog, under omrøring af og til, indtil blandingen bliver cremet og tyk nok til at dække bagsiden af en ske. Dette bør tage cirka 8 til 10 minutter.

c) Rør den malede kanel, ingefær og kardemomme i, og sørg for, at de er grundigt kombineret. Dette bør tage omkring 30 sekunder.

d) Tag gryden af varmen, dæk den til, og lad den stå uden forstyrrelser, indtil det meste af væsken er absorberet. Dette tager typisk omkring 3 minutter.

e) Fordel de krydrede havregryn mellem 4 skåle, og top hver servering med brun farin og den resterende ½ kop mælk.

f) Top med dine yndlingsfrugter, frø og nødder.

38.Chai-krydret fransk toast

INGREDIENSER:

- 1 spsk granuleret sukker
- 1 tsk stødt kanel
- ¼ teskefuld malet ingefær
- ¼ tsk kardemomme
- ¼ tsk allehånde
- ¼ teskefuld stødt nelliker
- Knivspids salt
- 4 store æg
- ¾ kop mælk
- 1 ½ tsk vaniljeekstrakt
- 4 spsk smør
- 8 skiver brioche eller challah brød, skåret ¾-1-tommer tykke

INSTRUKTIONER:

a) I en mellemstor, flad skål piskes det granulerede sukker, de malede krydderier (kanel, ingefær, kardemomme, allehånde, nelliker) og en knivspids salt sammen. Stil denne krydderiblanding til side.

b) Forvarm en non-stick stegepande over medium-lav varme.

c) Pisk æg, mælk og vaniljeekstrakt i krydderiblandingen i den lave skål.

d) Smelt to spiseskefulde smør i den forvarmede stegepande.

e) Dyp brødskiverne i cremeblandingen, og sørg for, at de er dækket på begge sider. Dette bør tage omkring 2-3 sekunder på hver side.

f) Steg de overtrukne skiver på panden, arbejd i partier på 2 eller 3 ad gangen afhængigt af størrelsen på din stegepande. Steg i cirka 3-3 ½ minut på hver side, eller indtil de bliver gyldenbrune, tilsæt mere smør efter behov.

g) Gentag processen med de resterende vanillecreme og brødskiver.

h) Server den chai-krydrede franske toast lun, ledsaget af smør og sirup eller dine yndlings toppings.

i) Nyd din lækre og aromatiske Chai-krydret fransk toast!

39.Chai Latte Muffins med Chai-krydret Streusel

INGREDIENSER:
TIL STREUSEL:
- ½ kop granuleret sukker
- ½ tsk stødt kanel
- ¼ teskefuld malet ingefær
- ¼ tsk stødt kardemomme
- 5 spsk universalmel
- 3 spsk saltet smør

TIL MUFFINS:
- 1 kop sødmælk
- 2 chai teposer
- 2 ¼ kopper universalmel
- 1 kop granuleret sukker
- 2 ½ tsk bagepulver
- ⅔ teskefuld salt
- 2 store æg, ved stuetemperatur
- ½ kop vegetabilsk olie
- 1 ½ tsk vaniljeekstrakt

INSTRUKTIONER:
TIL STREUSEL:
a) I en lille skål kombineres sukker, stødt kanel, malet ingefær, malet kardemomme og mel.
b) Brug en konditorkniv eller en gaffel til at skære smørret i de tørre ingredienser. Stil denne streuselblanding til side.

TIL MUFFINS:
c) Forvarm din ovn til 350°F (175°C).
d) Beklæd muffinforme med papirliner eller spray dem med bagespray. Sæt til side.
e) Kombiner sødmælken og chai teposerne i en lille gryde.
f) Varm mælken op til damp, tag den derefter af varmen og lad den trække i mindst 5 minutter.
g) I en stor skål piskes universalmel, granuleret sukker, bagepulver og salt sammen. Sæt denne tørre blanding til side.
h) I en mellemstor skål piskes æg, vegetabilsk olie, vaniljeekstrakt og den te-infunderede mælk sammen.

i) Hæld de våde ingredienser over de tørre ingredienser og rør, indtil de tørre ingredienser er helt indarbejdet.

j) Fyld hver muffinkop cirka ¾ fuld med muffindejen.

k) Top hver muffin med en generøs mængde af den forberedte streuselblanding.

l) Bag i den forvarmede ovn i 15-18 minutter, eller til muffinsene er færdige. Du kan tjekke om den er færdig ved at stikke en tandstik i midten af en muffin - den skal komme ren ud eller med et par fugtige krummer.

m) Lad muffinsene køle lidt af inden servering.

n) Nyd dine dejlige Chai Latte Muffins med Chai-krydret Streusel som en velsmagende morgenmad!

40.Chai-krydret Super Chunky Granola

INGREDIENSER:

- ¼ kop mandelsmør (eller et valgfrit nøddesmør/frøsmør)
- ¼ kop ahornsirup
- 2 tsk vaniljeekstrakt
- 5 tsk stødt kanel
- 2-3 tsk malet ingefær
- 1 tsk stødt kardemomme
- 1 ½ kop havregryn (sørg for glutenfri hvis nødvendigt)
- ½ kop valnødder eller pekannødder, groft hakkede
- ¾ kop usødede kokosflager
- ¼ kop rå græskarkerner (pepitas)

INSTRUKTIONER:

a) Forvarm din ovn til 325 grader F (160 °C) og beklæd en bageplade i standardstørrelse med bagepapir.

b) Kombiner mandelsmør, ahornsirup, vaniljeekstrakt, stødt kanel, malet ingefær og malet kardemomme i en mellemskål. Pisk indtil blandingen er jævn.

c) Tilsæt havregryn, hakkede valnødder eller pekannødder, usødede kokosflager og rå græskarkerner til skålen med mandelsmørblandingen. Bland grundigt for at sikre, at alle de tørre ingredienser er jævnt belagt.

d) Overfør granolablandingen til den forberedte bageplade, fordel den i et jævnt lag. Hvis du laver et større parti, skal du bruge yderligere bageplader efter behov.

e) Bages i den forvarmede ovn i 20-25 minutter. Vær på vagt mod slutningen for at forhindre forbrænding. Granolaen er klar, når den bliver duftende og mørkere i farven.

f) Bemærk: Hvis du foretrækker ekstra tyk granola, så undgå at smide den under bagningen. For en smuldrer tekstur, rør eller smid granolaen lidt halvvejs for at bryde eventuelle klumper.

g) Når granolaen er synligt brunet og duftende, tages den ud af ovnen. Vend forsigtigt granolaen for at lade overskydende varme slippe ud. Lad det køle helt af på bagepladen eller i en varmesikker skål.

h) Opbevar din chai-krydrede super chunky granola i en lukket beholder ved stuetemperatur i op til 1 måned eller i fryseren i op til 3 måneder.

i) Nyd granolaen alene med mælk, yoghurt eller drysset ovenpå havregryn til en dejlig morgenmad eller snack!

41.Chai vafler med banancreme sirup

INGREDIENSER:
TØRRE INGREDIENSER

- 1½ dl havremel
- 2 spsk pilrotsstivelse
- 2 tsk bagepulver
- 1 ¼ tsk kanel
- ½ tsk malet ingefær
- ½ tsk stødt kardemomme
- ¼ tsk muskatnød
- ¼ tsk salt
- ⅛ teskefuld malet nelliker

VÅDE INGREDIENSER

- 1 ¼ kopper usødet mandel- eller sojamælk
- 3 spsk mandelsmør
- 2 spsk ahornsirup
- 1 tsk vaniljeekstrakt

BANANCREMESIRUP:

- 1 stor moden banan
- ½-¾ kop usødet mandel- eller sojamælk
- 2 medjool dadler, udstenede og udblødte
- 1 tsk ahornsirup
- ¾ teskefuld vaniljeekstrakt
- ⅛ teskefuld kanel
- Knivspids salt
- Valgfrit: 2 spsk hampefrø eller 1-2 spsk nøddesmør

INSTRUKTIONER:
TIL CHAI-VAFLERNE:

a) I en stor skål kombineres alle de tørre ingredienser og blandes, indtil de er godt indarbejdet. Sæt til side.

b) Indstil din vaffelmaskine til medium varme eller brug en indstilling svarende til 4 på en stand-up Cuisinart vaffelmaskine.

c) Kombiner alle de våde ingredienser i en blender (usødet mandel- eller sojamælk, mandelsmør, ahornsirup og vaniljeekstrakt). Blend indtil blandingen er jævn.

d) Tilsæt de våde ingredienser fra blenderen til de tørre ingredienser i skålen. Bland grundigt, indtil det er godt blandet.

e) Hæld vaffeldejen i vaffelmaskinen og steg efter din vaffelmaskines anvisninger. Alternativt, hvis du ikke har en vaffelmaskine, kan du bruge en slip-let pande. Hæld ¼ - ⅓ kop af dejen på en opvarmet non-stick pande, kog i 3-5 minutter, vend og kog i yderligere 2-3 minutter. Gentag med den resterende dej for at lave vafler eller pandekager.

f) Server dine Chai-vafler med frisk frugt og banancremesirup eller dit foretrukne sødemiddel.

TIL BANANCREMESIRUPPEN:

g) Udblød Medjool dadlerne i en skål med varmt vand i 15 minutter. Fjern dem derefter fra vandet og dræn godt af. Fjern kernerne fra dadlerne.

h) Tilsæt de udstenede dadler, den modne banan, ahornsirup, vaniljeekstrakt, kanel og en knivspids salt (og eventuelt hampefrø eller nøddesmør, hvis det ønskes) til en højhastighedsblender.

i) Blend indtil blandingen er jævn. Hvis det er nødvendigt, tilsæt mere mandel- eller sojamælk for at opnå den ønskede sirup-konsistens.

j) Lad siruppen sidde i 5 minutter før servering.

k) Nyd dine Chai-vafler med bananflødesirup til en varm, trøstende og lækker morgenmad!

42.Chai Biscotti med hvidt chokoladedryp

INGREDIENSER:

CHAI KRYDDERI MIX:

- 1 spsk stødt kanel
- 2 tsk stødt kardemomme
- 2 tsk malet ingefær
- 1 tsk stødt muskatnød
- 1 tsk stødt nelliker
- ½ tsk stødt allehånde

BISCOTTI:

- ½ kop usaltet brunt smør ved stuetemperatur
- ½ kop lys brun farin
- ½ kop granuleret sukker
- 2 store æg, ved stuetemperatur
- 2 tsk vaniljestangpasta
- 2 ¼ kopper universalmel
- 1 ¼ tsk bagepulver
- 1 spsk chai krydderiblanding
- ½ tsk kosher salt

TOPPING:

- 4 ounce hvid chokolade, smeltet
- ½ tsk chai krydderiblanding

INSTRUKTIONER:

TIL CHAI KRYDDERMIXET:

a) I en lille skål sigtes alle ingredienserne til chai-krydderiblandingen sammen. Opbevar det i en lufttæt beholder til fremtidig brug.

TIL BISCOTTIEN:

b) Forvarm din ovn til 350°F (175°C) og beklæd en bageplade med bagepapir.

c) Pisk brunt smør, farin og perlesukker i skålen med en røremaskine, der er udstyret med pagajen (eller i en stor skål med en håndmixer), indtil blandingen er jævn.

d) Tilsæt æg og vaniljestangpasta (eller vaniljeekstrakt) og pisk indtil det lige er blandet.

e) Tilsæt universalmel, bagepulver, chai-krydderiblanding og kosher-salt. Bland indtil alle ingredienserne er helt indarbejdet.

f)   Del dejen i to lige store portioner. Placer hver del på den ene side af den forberedte bageplade og klap dem i to 10-tommer x 2-tommer rektangler, hver omkring 1 tomme tykke. Du kan let væde dine hænder for at hjælpe med dette trin.

g)   Bages i 20 til 30 minutter, eller indtil biscotti-stokkene er gyldenbrune over det hele. Tag dem ud af ovnen og lad dem køle af i 25 til 30 minutter.

h)   Reducer ovntemperaturen til 325°F (160°C).

i)   Overfør forsigtigt biscotti-stokkene til et skærebræt. Brug en sprayflaske fyldt med stuetemperatur vand til let at sprøjte træstammerne (kun en spray på hver sektion). Vent cirka 5 minutter, og brug derefter en meget skarp savtakket kniv til at skære biscottien i ½ tomme brede stykker.

j)   Læg biscotti-skiverne tilbage på bagepladen, og stil dem op med cirka ½ tomme mellemrum mellem hver af dem for at tillade luftcirkulation. Bages i yderligere 25 til 30 minutter, eller indtil de er tørre og gyldne.

k)   Tag biscottierne ud af ovnen og sæt dem over på en rist for at køle af til stuetemperatur.

TIL TOPPINGEN:

l)   Smelt den hvide chokolade med intervaller på 30 sekunder i en skål, der tåler mikrobølgeovn, indtil den er glat.

m)   Hvis det ønskes, tilsæt en lille mængde chai-krydderiblanding til den smeltede hvide chokolade og rør rundt.

n)   Dryp den smeltede hvide chokolade over toppen af chai biscottien.

o)   Lad chokoladen stivne helt, inden du opbevarer biscottien.

p)   Server den chai-krydrede biscotti med din yndlings chai latte eller kaffe til en dejlig forkælelse!

q)   Nyd din hjemmelavede Chai Biscotti med hvidt chokoladedryp!

43.Chai-krydrede Cruffins

INGREDIENSER:
TIL SMØRBLOKKEN:
- 2 stænger koldt usaltet smør i tern

TIL BRIOCHEDEJEN:
- 2 ¾ kopper universalmel
- 3 spsk sukker
- 1 ½ tsk kosher salt
- 1 spsk instant gær
- 3 store æg, pisket
- ¼ kop mælk ved stuetemperatur
- 10 spsk smør, skåret i 10 stykker, ved stuetemperatur

TIL CHAI-KRYDRET SUKKER:
- 1 kop sukker
- 1 spsk stødt kanel
- 1 spsk malet ingefær
- 1 spsk stødt kardemomme
- 1 tsk stødt nelliker
- 1 tsk stødt muskatnød
- 1 tsk stødt allehånde
- 1 tsk kværnet sort peber

TIL ÆGVASK:
- 1 æg, pisket med 1 tsk vand

INSTRUKTIONER:
TIL SMØRBLOKKEN:
a) Lad smørret sidde ved stuetemperatur i cirka 5 minutter.

b) Forbered en bagepapirspakke til at forme smørblokken. Klip et stykke bagepapir til 15" x 18" og fold det på midten til 15" x 9".

c) Mål 4" fra den øverste og nederste kant, og fold derefter langs mærkerne for at skabe en 7" x 9" pakke. Mål til sidst 2" fra den åbne kant og fold langs mærket for at lave en 7" x 7" pakke. Læg dette til side.

d) Pisk smørret ved lav hastighed i en standmixer udstyret med en pagajtilbehør, indtil det bliver blødt, formbart og glat (uden at inkorporere luft), hvilket bør tage 1-2 minutter.

e) Fold bagepapirspakken ud og læg smørret på en af 7" x 7" firkanterne. Fold bagepapiret langs de originale folder for at omslutte smørret. Brug fingrene eller en kagerulle til at fordele smørret jævnt i pakken, hvilket gør det til en perfekt 7" x 7" firkant. Stil smørblokken på køl, mens du forbereder dejen.

TIL BRIOCHEDEJEN:

f) Tilsæt de tørre ingredienser i skålen med en røremaskine udstyret med en dejkrog og bland kort i hånden for at kombinere. Tilsæt de sammenpiskede æg, mælk og stuetemperatur smørskiver. Bland ved lav hastighed i cirka 1 minut, indtil de tørre ingredienser er fugtede. Øg derefter hastigheden til medium og ælt til dejen er glat, skinnende og ikke længere klæber til skålen, hvilket skal tage 20-25 minutter.

g) Form dejen til en kugle (den bliver meget blød), læg den i en let smurt skål, dæk den til, og lad den hæve i 1 time. Stil dejen på køl i flere timer eller natten over, indtil den er godt afkølet.

FOR AT LAMINERE DEJEN:

h) Tag smørblokken ud af køleskabet, så den bliver lidt blød. Når den er kold, men formbar, rulles dejen ud på en let meldrysset overflade til et 7 ½" x 14 ½" rektangel. Brug en wienerbrødsbørste til at fjerne overskydende mel.

i) Placer smørblokken på venstre halvdel af dejen, efterlad en ½" kant på toppen, venstre side og bunden. Tryk smørret jævnt ind i pakken, og sørg for, at det fylder hjørnerne og kanterne, så det bliver en perfekt firkant på 7" x 7". Stil på køl i 30 minutter.

j) Efter afkøling rulles dejen ud til et 8" x 16" rektangel, med de lange kanter parallelle med bordpladens kant. Fold højre side over den smurte venstre side, og sørg for, at alle kanter flugter og hjørner mødes. Dette er en omgang. Dæk dejen med plastfolie og stil den på køl i 30 minutter.

k) Gentag denne proces to gange mere (i alt tre omgange), og lad dejen hvile i køleskabet i mindst 1 time.

FORMNING OG BAGNING:

l) Forbered chai-krydret sukkerblandingen ved at kombinere alle krydderierne med sukker. Sæt ½ kop af denne blanding til side til senere.

m) Rul den laminerede dej ud til et 8" x 18" rektangel. Pensl hele overfladen med æggevasken, efterlad en ½" kant langs den ene langside uden æggevask.

n) Drys den chai-krydrede sukkerblanding over den æggevaskede del af dejen.

o) Rul dejen sammen til en tæt bjælke, start fra den lange kant dækket af sukker. Placer rullesømmen nedad for at forhindre, at den ruller ud.

p) Trim 1 tomme fra hver ende af stammen, og kassér afpudsningen. Skær stammen i otte 2" stykker.

q) Læg hvert stykke i en muffinform, dæk løst til, og lad dem hæve i 1 til 1 ½ time, indtil de bliver meget hævede, men ikke nødvendigvis dobbelt så store.

r) Forvarm din ovn til 200°C (400°F) mod slutningen af hævningen.

s) Pensl forsigtigt toppen og de blottede sider af cruffins med ægvask og bag i 18-20 minutter, eller indtil de bliver gyldenbrune og den indre temperatur i midten er 190°F (88°C).

t) Lad cruffins køle af i et par minutter, og tag dem derefter forsigtigt ud af gryden og smid dem i den reserverede krydrede sukkerblanding, mens de stadig er varme.

u) Læg de krydrede chai cruffins på en rist til afkøling.

v) Nyd dine hjemmelavede Chai-krydrede Cruffins – flagende croissantmuffins med et dejligt chai-krydderi-twist!

44.Chai krydrede kanelsnurrer

INGREDIENSER:
TIL DEJEN:
- ¾ kop kærnemælk
- ¼-ounce pakke med aktiv tørgær
- ½ kop granuleret sukker
- 6 spsk usaltet smør, stuetemperatur
- 1 æg, stuetemperatur
- ¼ tsk salt
- 2 ¾ kopper universalmel

TIL CHAI FYLDNING:
- 2 spsk usaltet smør, stuetemperatur
- 1 tsk stødt kanel
- 1 tsk stødt kardemomme
- 1 tsk malet ingefær
- 1 tsk stødt stjerneanis
- 1 spsk Earl Grey te, malet
- ¼ kop lys brun farin

TIL Ahornglasuren:
- 2 spsk kokosmælk
- 1 spsk ahornsirup
- ¾ kop pulveriseret sukker
- ½ tsk vaniljeekstrakt

INSTRUKTIONER:
TIL DEJEN:
a) Varm kærnemælken i mikroovnen i 40 sekunder, indtil den er varm. Brug et væskemålebæger til dette trin. Tilsæt gær og sukker til den varme kærnemælk og bland.

b) I en stor skål, læg stuetemperatur smør. Hæld sukker/kærnemælksblandingen i skålen. Pisk med en håndmixer eller ståmixer til smørret er nedbrudt.

c) Tilsæt æg og salt til blandingen. Bland indtil det er helt indarbejdet.

d) Til sidst tilsættes melet og røres sammen til en dej.

e) Tøm dejen ud på en meldrysset overflade. Ælt i 3 minutter og lad det hæve i en time. Du kan også ælte dejen i en røremaskine i samme tid. Hvis dejen stadig virker våd, så tilsæt en spiseskefuld mel ad gangen, indtil den ikke længere klæber til dine hænder.

f) Dæk dejen med et vådt håndklæde eller alufolie og lad den hæve i 1 time, eller til den fordobles i størrelse.

TIL CHAI FYLDNING:

g) Mens dejen hæver, tilberedes krydderiblandingen til fyldet. Kombiner den malede kanel, kardemomme, ingefær, stjerneanis og Earl Grey-te i en skål. Bland godt og sæt det til side.

MONTAGE:

h) Når dejen er færdighævet, slå luften ud og rul den ud til en 12x12-tommer firkant.

i) Fordel stuetemperatur smør jævnt over overfladen af dejen.

j) Drys farin og den tilberedte krydderiblanding over den smurte dej.

k) Rul dejen til en bjælke og skær den i 9 lige store stykker. Skær først bjælken i 3 lige store stykker, og del derefter hver af disse stykker i 3 lige store stykker.

l) Placer kanelrullerne i en smurt 9x9-tommer gryde og lad dem hæve i yderligere en time.

BAGNING:

m) Forvarm ovnen til 350°F (177°C).

n) Efter den sidste hævning bages kanelsnurrene uden låg i 20-25 minutter eller indtil kanterne er lysebrune.

o) Til Maple Glaze:

p) Mens kanelsnurrerne bager, kombiner du alle glasuringredienserne - kokosmælk, ahornsirup, pulveriseret sukker og vaniljeekstrakt - i en skål og bland indtil glat.

q) Lad de bagte kanelsnurrer køle af i 5-10 minutter, inden du drypper glasuren over dem.

45.Chai-krydderbrød

INGREDIENSER:

TIL BRØDET:
- ½ kop usaltet smør, blødgjort
- ¾ kop granuleret sukker
- 2 store æg
- 2 tsk vaniljeekstrakt
- ½ kop chai te eller vand
- ⅓ kop mælk
- 2 kopper universalmel
- 2 tsk bagepulver
- ½ tsk salt
- 1 tsk stødt kardemomme
- ½ tsk stødt kanel
- ¼ teskefuld stødt nelliker

TIL GLASUREN:
- 1 kop pulveriseret sukker
- ¼ tsk vaniljeekstrakt
- 3 tsk mælk

INSTRUKTIONER:

TIL BRØDET:

a) Forvarm ovnen til 350°F (175°C) og smør en brødform med nonstick-spray.

b) I en stor skål piskes blødgjort smør og perlesukker sammen, indtil blandingen er let og luftig.

c) Pisk æg, vaniljeekstrakt, chai-te (eller vand) og mælk i, indtil ingredienserne er godt blandet.

d) Rør universalmel, bagepulver, salt, stødt kardemomme, stødt kanel og stødt nelliker i, indtil det lige er blandet.

e) Fordel dejen jævnt i den forberedte brødform.

f) Bages ved 350°F i 50-60 minutter, eller indtil en tandstik indsat i midten kommer ren ud.

TIL GLASUREN:

g) I en lille skål røres pulveriseret sukker, vaniljeekstrakt og mælk sammen, indtil blandingen er glat og godt blandet.

h) Når brødet er afkølet, hældes glasuren over toppen.

i) Skær, server og nyd dit Chai-krydderbrød!

46.Chai krydret æblecider Donuts

INGREDIENSER:

ÆBLE CIDER DONUT:

- ½ kop reduceret æblecider
- 2 ¼ kopper universalmel, fordelt med skeer og jævnet
- ½ tsk bagepulver
- ½ tsk bagepulver
- 1 tsk kanel
- ½ tsk muskatnød
- ½ kop saltet smør, smeltet
- 1 kop lys brun farin, let pakket
- 2 store æg, stuetemperatur
- ½ kop æblesmør

CHAI SUKKER:

- 1 kop granuleret sukker
- ¼ kop lys brun farin, let pakket
- ½ tsk kanel
- ¼ tsk muskatnød
- ¼ tsk ingefær
- ¼ teskefuld nelliker
- ¼ tsk allehånde
- ⅛ teskefuld kardemomme
- En lille knivspids kværnet sort peber
- ¼ kop saltet smør, smeltet

KARAMELGLASUR (VALGFRI):

- 1 kop karamel, stuetemperatur
- 1 kop pulveriseret sukker, hældet i ske og jævnet
- ¼ tsk kanel

INSTRUKTIONER:

a) Reducer æbbicideren ved at lægge 1½ kopper æblecider i en mellemstor gryde ved middel-lav varme. Lad det simre i 10-15 minutter, indtil det er reduceret til ½ kop.

b) Hæld det i en varmesikker krukke eller kop og lad det køle af, mens du samler resten af ingredienserne.

DONUTS:

c) Forvarm ovnen til 425F (218C) varmluft (400F/204C konventionel) og smør tre donutpander (eller en ad gangen).
d) I en mellemstor skål kombineres mel, bagepulver, bagepulver, kanel og muskatnød. Sæt til side.
e) I en stor skål piskes den reducerede æblecider, smeltet smør, brun farin, æg og æblesmør sammen, indtil de er godt blandet.
f) Vend melblandingen i lige indtil melet er inkorporeret, og brug derefter en sprøjtepose eller en ske til at fylde doughnutformene.
g) Bag donutsene i cirka 8-10 minutter, til de er gyldenbrune og springer tilbage, når du trykker forsigtigt på dem.
h) Vend donutsene ud på en rist og lad dem køle af et par minutter.

CHAI SUKKER:
i) I en mellemstor skål kombineres det granulerede sukker, brun farin og krydderier.
j) En ad gangen, pensl donutsene med det smeltede smør, og smid dem derefter straks i chaisukkeret, indtil de er helt dækket. Gentag med resten af donuts.

KARAMELGLASUR (VALGFRI):
k) Hvis du laver min hjemmelavede saltkaramel opskrift, kan du gøre det inden du starter, så det når at køle af.
l) Kombiner 1 kop karamelsauce med flormelis og kanel, og pisk derefter, indtil det er helt glat.
m) Dyp ALMINDELIGE donuts i glasur eller dryp oven på sukkersukrede donuts. Dyp ikke de sukrede donuts i glasuren, ellers falder sukkeret bare af i glasuren.

SNACKS

47.Chai krydrede småkager

INGREDIENSER:
- 2 kopper sprøde riskorn
- 1 kop mandelsmør
- ½ kop honning
- 1 tsk chai krydderiblanding (kanel, kardemomme, ingefær, nelliker, muskatnød)
- 1 tsk vaniljeekstrakt
- Knivspids salt

INSTRUKTIONER:

a) Kombiner sprøde riskorn og chai-krydderiblanding i en stor røreskål.

b) Opvarm mandelsmør, honning, vaniljeekstrakt og salt i en lille gryde ved lav varme under omrøring, indtil det er godt blandet.

c) Hæld mandelsmørblandingen over korn- og krydderiblandingen og bland indtil alt er jævnt belagt.

d) Form blandingen til småkager eller tryk den i en foret bageform og skær den i stænger.

e) Stil på køl i cirka 1 time eller indtil stivnet.

48.Chai krydret Churros

INGREDIENSER:

TIL CHURROS:

- 1½ kop universalmel
- 2 spsk chai krydderiblanding, delt
- 2 tsk kosher salt, delt
- ½ kop granuleret sukker
- ½ kop sødmælk
- 3 spsk usaltet smør
- 1 tsk ren vaniljeekstrakt
- 1 økologisk æg
- Canolaolie (til stegning)
- Chokoladesauce, til servering

TIL CHAI KRYDDERIET:

- 3 kanelstænger, knust
- 2 spsk hele nelliker
- 1 spsk Hele sorte peberkorn
- 1 spsk fennikelfrø
- 3 tsk Kardemomme
- 2 tsk malet ingefær
- 2 tsk stødt muskatnød

TIL CHOKOLADESAUSEN:

- 6 ounce mørk chokolade, hakket
- 1 tsk kokosolie

INSTRUKTIONER:

TIL CHURROS:

a) I en stor skål kombineres mel, 1 spiseskefuld chai-krydderiblanding og 1 tsk salt. Rør for at kombinere.

b) I en separat skål tilsættes sukker den resterende chai-krydderiblanding og salt. Rør for at kombinere. Sæt til side.

c) Bring mælk, smør, ½ kop vand og vaniljeekstrakt til at simre i en medium gryde over medium-høj varme. Tilsæt melblandingen i gryden, og rør kraftigt med en træske, indtil dejen samles, cirka 1 minut. Overfør til skålen med en røremaskine og lad den køle lidt af.

d) Brug pagajen på medium-lav hastighed, tilsæt ægget og pisk indtil dejen er glat og blank i cirka 3 minutter. Fyld dejen i en churromaskine eller en forberedt konditorpose med en stjernespids.

e) Tilsæt olie til en stor gryde, fyld den halvvejs op ad siderne, og opvarm den til 325 ° F. Vrid churro maker fyldt med dej til 4-tommer lange churros direkte i olien forsigtigt (eller rør dejen), og steg indtil de er gyldenbrune på alle sider, i cirka 5 minutter. Overfør dem til en bageplade beklædt med køkkenrulle. Gentag med den resterende dej.

f) Smid de varme churros i den reserverede chai-sukkerblanding. Server med varm chokoladesauce.

TIL CHAI KRYDDERIET:

g) Til en krydderikværn tilsættes kanelstænger, nelliker, sort peber og fennikel. Kværn i 2 minutter til et glat pulver. Tilsæt kardemomme, ingefær og muskatnødpulver. Kværn i 20 sekunder, indtil alt er godt indarbejdet.

h) Opbevar chai-krydderiblandingen i en lufttæt beholder og brug efter behov.

TIL CHOKOLADESAUSEN:

i) Læg mørk chokolade i en skål, der tåler mikrobølgeovn. Tilsæt kokosolie.

j) Opvarm chokoladeblandingen i mikroovnen i 30 sekunder, rør den, og fortsæt med at varme og røre i korte intervaller, indtil chokoladen er helt smeltet.

k) Server chokoladesaucen med churros. God fornøjelse!

49.Chai Spice Crackers

INGREDIENSER:

- 1 kop universalmel (120g)
- 1 spsk pulveriserede sorte teblade (fra teposer)
- ½ tsk stødt kanel
- ¼ tsk stødt kardemomme
- ¼ teskefuld malet ingefær
- ¼ tsk bagepulver
- ¼ tsk salt
- 2 spsk usaltet smør, koldt og i tern
- ¼ kop mælk (60 ml)

INSTRUKTIONER:

a) Begynd med at forvarme din ovn til 350°F (180°C).

b) Kombiner universalmel, pulveriserede sorte teblade, stødt kanel, malet kardemomme, malet ingefær, bagepulver og salt i en røreskål. Rør de tørre ingredienser, indtil de er godt blandet.

c) Tilsæt det kolde usaltede smør i tern til den tørre ingrediensblanding.

d) Brug en kagekniv eller fingerspidserne til at arbejde smørret ind i melblandingen, indtil det ligner grove krummer. Dette trin kan tage et par minutter.

e) Hæld mælken i blandingen og rør, indtil der dannes en dej. Dejen skal samles og være lidt klistret.

f) På en meldrysset overflade rulles dejen ud til en tynd, jævn plade. Du kan bruge en kagerulle til dette formål. Sigt efter en tykkelse på omkring ⅛ tomme.

g) Brug kageudstikkere eller en kniv til at skære dejen i de ønskede kiksformer. Læg disse udskårne stykker på en bageplade beklædt med bagepapir.

h) Sæt bagepladen i den forvarmede ovn og bag i cirka 10-12 minutter, eller indtil kiksene bliver gyldenbrune. Hold godt øje med dem, da bagetiden kan variere alt efter tykkelsen.

i) Når de er bagt, skal du tage kiksene ud af ovnen og lade dem køle helt af på en rist. De bliver sprødere, når de afkøles.

50.Chai Spiced Madeleines

INGREDIENSER:

- ⅔ kop usaltet smør, smeltet
- 2 spsk honning
- 2 store æg
- ½ kop granuleret sukker
- 1 tsk ren vaniljeekstrakt
- 1 kop universalmel
- 1 tsk bagepulver
- 1 tsk stødt kanel
- ½ tsk malet ingefær
- ¼ tsk stødt kardemomme
- ¼ teskefuld stødt nelliker
- ¼ tsk malet sort peber
- Knivspids salt
- Pulversukker til aftørring (valgfrit)

INSTRUKTIONER:

a) I en lille gryde smeltes det usaltede smør ved middel varme, indtil det er helt smeltet. Rør honningen i og stil til side til afkøling let.

b) I en røreskål piskes æg og perlesukker sammen, indtil det er godt blandet og let skummende. Tilsæt den rene vaniljeekstrakt og pisk igen for at inkorporere.

c) I en separat skål kombineres universalmel, bagepulver, stødt kanel, malet ingefær, malet kardemomme, stødt nelliker, stødt sort peber og en knivspids salt. Bland godt for at sikre, at krydderierne er jævnt fordelt.

d) Tilsæt gradvist de tørre ingredienser til æggeblandingen, mens du rører forsigtigt efter hver tilsætning, indtil dejen er jævn og godt blandet.

e) Hæld langsomt den smeltede smør- og honningblanding i dejen, under konstant omrøring, indtil den er helt indarbejdet.

f) Dæk skålen med plastfolie og stil dejen på køl i mindst 2 timer, eller gerne natten over. Afkøling af dejen hjælper med at udvikle smagene og forbedre madeleinernes tekstur.

g) Forvarm din ovn til 375°F (190°C). Forbered din madeleinepande ved at smøre den med lidt smeltet smør eller madlavningsspray.

Hvis du bruger en non-stick pande, er dette trin muligvis ikke nødvendigt.

h) Tag den afkølede dej ud af køleskabet og giv den en forsigtig omrøring for at sikre, at den er godt blandet. Hæld cirka 1 spiseskefuld af dejen i hvert skalformet hulrum i madeleinepanden, og fyld dem omkring tre fjerdedele.

i) Sæt den fyldte madeleinepande i den forvarmede ovn og bag i 8-10 minutter, eller indtil madeleinerne er hævet og kanterne er gyldenbrune.

j) Tag gryden ud af ovnen og lad madeleinerne køle af i gryden i et minut eller to, før du forsigtigt overfører dem til en rist for at køle helt af.

k) Hvis det ønskes, drys de afkølede madeleines med flormelis for en prikken over i'et før servering.

51.Chai krydrede ristede nødder

INGREDIENSER:

- 4 kopper usaltede blandede nødder
- ¼ kop ahornsirup
- 3 spiseskefulde smeltet kokosolie
- 2 spsk kokossukker
- 3 teskefulde malet ingefær
- 2 teskefulde stødt kanel
- 2 tsk stødt kardemomme
- 1 tsk stødt allehånde
- 1 tsk ren vaniljepulver
- ½ tsk salt
- ¼ teskefuld sort peber

INSTRUKTIONER:

a) Forvarm din ovn til 325°F (163°C). Beklæd en bageplade med kanter med bagepapir og stil den til side.

b) I en stor røreskål kombineres alle ingredienserne undtagen nødderne. Rør godt rundt for at skabe en smagfuld blanding.

c) Tilsæt de blandede nødder til skålen og vend dem, indtil de er jævnt belagt med den krydrede blanding.

d) Fordel de belagte nødder på den forberedte bageplade i et jævnt lag.

e) Rist nødderne i den forvarmede ovn i cirka 20 minutter. Husk at dreje panden og rør nødderne halvvejs i stegetiden for at sikre en jævn tilberedning.

f) Når de er færdige, skal du tage de ristede nødder ud af ovnen og lade dem køle helt af.

g) Opbevar dine chai-krydrede ristede nødder i en lufttæt beholder ved stuetemperatur for lækker snacking.

52.Maple Chai Chex Mix

INGREDIENSER:

- 4 kopper Rice Chex
- 3 kopper Cinnamon Cheerios
- 1,5 kopper usødede kokosflager (delt)
- 1 kop hele almindelige mandler
- 2 kopper kringlestave
- ¼ kop saltet smør
- 3 spsk brun farin
- 1 kop ahornsirup (delt)
- 4 spsk chai krydderier (delt)
- 1 tsk kosher salt (delt)
- 2 kopper yoghurtdækkede kringler

INSTRUKTIONER:

a) Forvarm din ovn til 320°F (160°C) og beklæd en bageplade med sider med bagepapir.

b) Kombiner Rice Chex, Cinnamon Cheerios, 1 kop kokosflager, hele mandler og kringlestave i en stor skål. Bland godt og stil til side.

c) Smelt smørret i en lille gryde ved middel varme.

d) Når smørret er smeltet, tilsæt brun farin, ¾ kop ahornsirup og 1 spsk chai-krydderier til gryden. Pisk det hele sammen og bring det i kog.

e) Fjern gryden fra varmen og lad den sidde i 1 minut, og hæld derefter blandingen over Chex-blandingen.

f) Tilsæt de resterende chai-krydderier i skålen og rør, indtil alle ingredienser er jævnt belagt med den smeltede smørblanding.

g) Fordel den belagte blanding på den bagepapirbeklædte bageplade, og sørg for et jævnt lag.

h) Drys blandingen med ½ tsk kosher salt og sæt bagepladen i ovnen. Bages i 15 minutter.

i) Tag bagepladen ud af ovnen, vend blandingen og fordel den jævnt ud over bagepladen igen.

j) Dryp den resterende ¼ kop ahornsirup over Chex-blandingen og sæt den tilbage i ovnen. Bages i yderligere 15 minutter.

k) Tag Chex-blandingen ud af ovnen, drys den med den resterende ½ tsk kosher salt, og lad den køle af i 10 minutter.

l) Efter let afkøling tilsættes de yoghurtdækkede kringler og den resterende ½ kop barberet kokosnød til Chex-blandingen. Fold forsigtigt ingredienserne sammen, og prøv at lade nogle bidder være intakte.

m) Lad Maple Chai Chex Mix køle helt af, før du opbevarer den i en lufttæt beholder. Nyd din dejlige snack!

53.Chai-krydrede ris Krispie-godbidder

INGREDIENSER:

- ¼ tsk stødt kanel
- ¼ tsk stødt kardemomme
- ¼ teskefuld stødt nelliker
- ¼ teskefuld malet ingefær
- ¼ tsk stødt stjerneanis
- 1 spsk Earl Grey te, pulveriseret
- 6 kopper Rice Krispie korn
- 3 spsk usaltet smør, smeltet
- 10 ounces skumfiduser

INSTRUKTIONER:

a) Beklæd en 9x9 bradepande med bagepapir.

b) Start med at lave chai-krydderiblandingen. Kombiner kardemomme, kanel, nelliker, ingefær, stjerneanis og Earl Grey-te i en krydderikværn eller foodprocessor. Puls indtil krydderierne er malet til et fint pulver. Sæt til side.

c) Læg Rice Krispie-kornet i en stor skål og stil det til side.

d) Smelt smørret i en medium gryde ved middel varme. Tilsæt chai-krydderiblandingen og skumfiduser. Rør indtil alt er grundigt blandet.

e) Hæld den chai-krydrede skumfidusblanding over Rice Krispie-kornene fra trin 3. Rør, indtil kornene er jævnt belagt.

f) Hæld Rice Krispie-blandingen i den forberedte 9x9 bageform, og tryk den ned med en spatel for at fordele den jævnt.

g) Stil retten til side og lad den køle af i cirka 10 minutter, før du skærer og serverer dine dejlige Chai Spiced Rice Krispie Treats. God fornøjelse!

54.Chai Spice Energikugler

INGREDIENSER:
- 1 ½ kop rå cashewnødder (210 g)
- ½ tsk kosher salt
- 1 tsk kanel
- ½ tsk malet ingefær
- ¼ tsk kardemomme
- 2 kopper Medjool dadler, udstenede og pakket (380g)

INSTRUKTIONER:
a) Kom cashewnødder og krydderier i en foodprocessor udstyret med et S-blad. Bearbejd i cirka et minut.
b) Tilsæt de udstenede Medjool dadler. Bearbejd i yderligere 1-2 minutter, indtil blandingen begynder at klumpe sig sammen i processoren. Stop processoren og test blandingen ved at klemme en lille mængde i håndfladen; det skal være meget blødt og nemt hænge sammen.
c) Rul blandingen til 1 ¼-tommer kugler, cirka 30 g hver.
d) Opbevar energikuglerne i en lufttæt beholder i køleskabet eller frys dem.
e) Nyd disse lækre Chai Spice Energy Balls, når du har brug for en hurtig og nærende snack!

INGREDIENSER:

- ½ kop sukker
- 2 tsk stødt kardemomme
- 2 tsk stødt kanel
- ½ tsk malet ingefær
- ½ tsk stødt nelliker
- ¼ tsk stødt muskatnød
- ½ kop smør, blødgjort
- ½ kop afkortning
- 1 kop sukker
- 2 store æg, stuetemperatur
- 1 tsk vaniljeekstrakt
- 2-¾ kopper universalmel
- 2 tsk creme af tatar
- 1 tsk bagepulver
- Dash salt
- 1 pakke (10 ounce) kanelbagechips

INSTRUKTIONER:

a) Forvarm ovnen til 350°F (175°C).

b) Til det krydrede sukker blandes de første 6 ingredienser.

c) I en stor skål flødes det blødgjorte smør, matfett, sukker og 2 spsk krydret sukker sammen, indtil blandingen er let og luftig, hvilket bør tage omkring 5-7 minutter.

d) Pisk æg og vanilje i.

e) I en anden skål piskes mel, tatarcreme, bagepulver og salt sammen.

f) Pisk gradvist de tørre ingredienser i den cremede blanding.

g) Rør kanelbagechipsene i.

h) Stil dejen på køl, tildækket, indtil den er fast nok til at forme, hvilket bør tage cirka 1 time.

i) Form dejen til 1-tommers kugler og rul dem i det resterende krydrede sukker.

j) Placer kuglerne 2 tommer fra hinanden på smurte bageplader.

k) Bag til de er stivnede, hvilket skal tage 11-13 minutter.

l) Tag kagerne ud af panderne og lad dem køle af på rist.

56.Krydret komfur popcorn

INGREDIENSER:

- 1 spsk olie
- ½ kop (100 g) ukogte popcornkerner
- 1 tsk groft havsalt
- 1 tsk garam masala, Chaat Masala eller Sambhar Masala

INSTRUKTIONER:

a) I en dyb, tung pande, opvarm olien over medium-høj varme.

b) Tilsæt popcornkernerne.

c) Dæk gryden til og skru op for varmen til medium-lav.

d) Kog indtil den knaldende lyd aftager, 6 til 8 minutter.

e) Sluk for varmen og lad popcornene sidde med låg på i yderligere 3 minutter.

f) Drys med salt og masala. Server straks.

g) Tag en papad ad gangen med en tang og varm den op over komfuret. Hvis du har et gaskomfur, skal du koge det lige over flammen, og vær omhyggelig med at blæse de stumper ud, der brænder. Vend dem konstant frem og tilbage, indtil alle dele er kogte og sprøde. Hvis du bruger et elektrisk komfur, skal du varme dem på en rist sat over brænderen og vende dem konstant, indtil de er sprøde. Vær forsigtig - de brænder let.

h) Stable papadsene og server straks som snack eller til aftensmaden.

57.Masala Papad

INGREDIENSER:
- 1 (6-10 tæller) pakke indkøbt papad (lavet af linser)
- 2 spsk olie
- 1 mellemstor rødløg, pillet og hakket
- 2 mellemstore tomater i tern
- 1-2 grønne thai-, serrano- eller cayenne-chiles, stilke fjernet, fint skåret
- 1 tsk Chaat Masala
- Rødt chilipulver eller cayennepepper efter smag

INSTRUKTIONER:
a) Tag en papad ad gangen med en tang og varm den op over komfuret. Hvis du har et gaskomfur, så kog det lige over flammen, og vær omhyggelig med at blæse små stykker ud, der brænder. Den bedste måde at tilberede disse på er konstant at vende dem, indtil alle dele er kogte og sprøde.
b) Hvis du bruger et elektrisk komfur, skal du varme dem på en rist sat over brænderen og vende dem konstant, indtil de er sprøde. Vær forsigtig - de brænder let.
c) Læg papaderne ud på en stor bakke.
d) Med en wienerbrødspensel pensles let hver papad med olie.
e) I en lille skål blandes løg, tomater og chili sammen.
f) Hæld 2 spiseskefulde af løgblandingen over hver papad.
g) Top hver papad af med et drys Chaat Masala og rødt chilipulver. Server straks.

58.Ristede Masala nødder

INGREDIENSER:

- 2 kopper (276 g) rå cashewnødder
- 2 kopper (286 g) rå mandler
- 1 spsk garam masala, Chaat Masala eller Sambhar Masala
- 1 tsk groft havsalt
- 1 spsk olie
- ¼ kop (41 g) gyldne rosiner

INSTRUKTIONER:

a) Indstil en ovnrist i højeste position og forvarm ovnen til 425°F (220°C). Beklæd en bageplade med aluminiumsfolie for nem rengøring.

b) Bland alle ingredienserne undtagen rosinerne i en dyb skål, indtil nødderne er jævnt dækket.

c) Arranger nøddeblandingen i et enkelt lag på den forberedte bageplade.

d) Bages i 10 minutter, mens du blander forsigtigt halvvejs gennem tilberedningstiden for at sikre, at nødderne koger jævnt.

e) Tag gryden ud af ovnen. Tilsæt rosinerne og lad blandingen køle af i mindst 20 minutter. Dette trin er vigtigt. Kogte nødder bliver seje, men de får deres sprødhed tilbage, når de er kølet af. Server med det samme eller opbevar i en lufttæt beholder i op til en måned.

59.Chai-krydrede ristede mandler og cashewnødder

INGREDIENSER:

- 2 kopper (276 g) rå cashewnødder
- 2 kopper (286 g) rå mandler
- 1 spsk Chai Masala
- 1 spiseskefuld jaggery (gur) eller brun farin
- ½ tsk groft havsalt
- 1 spsk olie

INSTRUKTIONER:

a) Indstil en ovnrist i højeste position og forvarm ovnen til 425°F (220°C). Beklæd en bageplade med aluminiumsfolie for nem rengøring.

b) Kombiner alle ingredienserne i en dyb skål og bland godt, indtil nødderne er jævnt belagt.

c) Arranger nøddeblandingen i et enkelt lag på den forberedte bageplade.

d) Bages i 10 minutter, mens du blander halvvejs gennem tilberedningstiden for at sikre, at blandingen koger jævnt.

e) Tag bagepladen ud af ovnen og lad blandingen køle af i cirka 20 minutter. Dette trin er vigtigt. Kogte nødder bliver seje, men de får deres sprødhed tilbage, når de er kølet af.

f) Server med det samme eller opbevar i en lufttæt beholder i op til en måned.

INGREDIENSER:

- 4 kopper usaltede blandede nødder
- ¼ kop ahornsirup
- 3 spiseskefulde smeltet kokosolie
- 2 spsk kokossukker
- 3 teskefulde malet ingefær
- 2 teskefulde stødt kanel
- 2 tsk stødt kardemomme
- 1 tsk stødt allehånde
- 1 tsk ren vaniljepulver
- ½ tsk salt
- ¼ teskefuld sort peber

INSTRUKTIONER:

a) Forvarm din ovn til 325°F (163°C). Beklæd en bageplade med kanter med bagepapir og stil den til side.

b) I en stor røreskål kombineres alle ingredienserne undtagen nødderne. Rør godt rundt for at skabe en smagfuld blanding.

c) Tilsæt de blandede nødder til skålen og vend dem, indtil de er jævnt belagt med den krydrede blanding.

d) Fordel de belagte nødder på den forberedte bageplade i et jævnt lag.

e) Rist nødderne i den forvarmede ovn i cirka 20 minutter. Husk at dreje panden og rør nødderne halvvejs i stegetiden for at sikre en jævn tilberedning.

f) Når de er færdige, skal du tage de ristede nødder ud af ovnen og lade dem køle helt af.

g) Opbevar dine chai-krydrede ristede nødder i en lufttæt beholder ved stuetemperatur for lækker snacking.

61.Kikærte Poppers

INGREDIENSER:

- 4 kopper kogte kikærter eller 2 12-ounce dåser kikærter
- 1 spsk garam masala, Chaat Masala eller Sambhar Masala
- 2 tsk groft havsalt 2 spsk olie
- 1 tsk rødt chilipulver, cayennepeber eller paprika plus mere til at drysse

INSTRUKTIONER:

a) Indstil en ovnrist i højeste position og forvarm ovnen til 425°F (220°C). Beklæd en bageplade med aluminiumsfolie for nem rengøring.

b) Dræn kikærterne i et stort dørslag i cirka 15 minutter for at slippe af med så meget fugt som muligt. Hvis du bruger dåse, skylles først.

c) Bland forsigtigt alle ingredienserne i en stor skål.

d) Arranger de krydrede kikærter i et enkelt lag på bagepladen.

e) Kog i 15 minutter. Tag forsigtigt bakken ud af ovnen, bland forsigtigt, så kikærterne koger jævnt, og kog yderligere 10 minutter.

f) Lad afkøle i 15 minutter. Drys med det røde chilipulver, cayennepeber eller paprika.

62.Nordindisk Hummus

INGREDIENSER:

- 2 kopper (396 g) kogte hele bønner eller linser
- Saft af 1 mellemstor citron
- 1 fed hvidløg, pillet, skåret og hakket groft
- 1 tsk groft havsalt
- 1 tsk kværnet sort peber
- ½ teskefuld ristet stødt spidskommen
- ½ tsk stødt koriander
- ¼ kop (4 g) hakket frisk koriander
- ⅓ kop (79 ml) plus 1 spsk olivenolie
- 1-4 spiseskefulde (15-60 ml) vand
- ½ tsk paprika, til pynt

INSTRUKTIONER:

a) Kombiner bønner eller linser, citronsaft, hvidløg, salt, sort peber, spidskommen, koriander og koriander i en foodprocessor. Process indtil godt blandet.

b) Tilsæt olie, mens maskinen stadig kører. Fortsæt med at behandle indtil blandingen er cremet og glat, tilsæt vand efter behov, 1 spsk ad gangen.

DESSERT

63.Chai Tea Pot de Crème

INGREDIENSER:

- 1 kop tung fløde
- 1 kop sødmælk
- 2 spsk løs chai te blanding
- ⅓ kop lys brun farin
- 4 store æggeblommer
- 1 tsk vaniljeekstrakt
- En knivspids stødt kanel og stødt kardemomme (valgfrit, for ekstra smag)

INSTRUKTIONER:

a) Forvarm din ovn til 325°F (160°C). Stil en kedel eller en gryde med vand på komfuret for at koge. Du skal bruge dette til vandbadet senere.

b) Kombiner den tunge fløde og sødmælk i en mellemstor gryde. Opvarm blandingen over middel varme, indtil den begynder at dampe, men ikke koge. Tag gryden af varmen.

c) Tilføj den løse chai-teblanding til fløde-mælk-blandingen. Hvis du vil forstærke smagene med kanel og kardemomme, så tilsæt også en knivspids af hver til blandingen. Rør forsigtigt for at sikre, at teen er helt nedsænket.

d) Lad chai-teen trække i fløde-mælk-blandingen i cirka 10-15 minutter. Jo længere du stejler, jo stærkere bliver chai-smagen.

e) Mens teen trækker, piskes æggeblommerne og brun farin i en separat skål, indtil blandingen er glat og cremet.

f) Når teen er gennemvædet, hældes fløde-mælk-blandingen gennem en finmasket sigte for at fjerne tebladene og eventuelle krydderier. Du skal have en glat, infunderet væske.

g) Hæld langsomt den chai-infunderede fløde-mælk-blanding i skålen med æggeblommer og sukker, mens du piskes konstant, mens du hælder. Dette er for at temperere æggene, så de ikke forvrider fra varmen.

h) Rør vaniljeekstrakten i blandingen. Vaniljen vil komplementere chai-smagene og tilføje dybde til desserten.

i) Nu er det tid til at forberede dine ramekins eller vanillecremekopper. Fordel blandingen ligeligt mellem fire 6-ounce ramekins.

j) Læg de fyldte ramekins i en stor bradepande eller bradepande. Opret et vandbad ved forsigtigt at hælde varmt vand i det større fad, indtil det når cirka halvvejs op på siderne af ramekins.

k) Overfør forsigtigt bageformen med ramekins til den forvarmede ovn. Bages i cirka 30-35 minutter, eller indtil kanterne er stivnede, men midten stadig er lidt skæv.

l) Når de er færdige, fjerner du ramekins fra vandbadet og lad dem køle af ved stuetemperatur i et kort stykke tid.

m) Dæk ramekinerne med plastfolie og stil dem på køl i mindst 2 timer, eller indtil de er gennemkølede og stivnet.

n) Inden servering kan du pynte Chai Tea Pot de Crème med et drys stødt kanel eller en klat flødeskum, hvis det ønskes.

64.Brownies med chai te

INGREDIENSER:

- 2 chai teposer
- 1 kop usaltet smør
- 2 kopper granuleret sukker
- 4 store æg
- 1 tsk vaniljeekstrakt
- 1 kop universalmel
- ½ kop kakaopulver
- ¼ tsk salt
- ½ kop hakkede pekannødder eller valnødder (valgfrit)

INSTRUKTIONER:

a) Forvarm din ovn til 350 ° F og smør en 9x13-tommer bageplade.

b) Smelt smørret i en gryde ved svag varme. Tilsæt indholdet af chai teposerne og lad dem trække i et par minutter. Fjern teposerne og lad smørret køle lidt af.

c) I en røreskål kombineres det smeltede smør, sukker, æg og vaniljeekstrakt. Bland godt.

d) I en separat skål piskes mel, kakaopulver og salt sammen. Tilsæt gradvist de tørre ingredienser til de våde ingredienser og bland, indtil de netop er blandet.

e) Fold de hakkede nødder i (hvis du bruger).

f) Hæld dejen i den tilberedte bradepande og fordel den jævnt ud.

g) Bages i cirka 25-30 minutter, eller indtil en tandstik indsat i midten kommer ud med et par fugtige krummer.

h) Lad brownies afkøle, inden du skærer dem i firkanter.

65.Chai Krydret Flan

INGREDIENSER:

- 1 kop sukker
- 1½ kop tung fløde
- ½ kop sødmælk
- 6 store æggeblommer
- ¼ tsk salt
- 2 chai teposer
- 1 kanelstang
- ½ tsk malet ingefær
- ¼ teskefuld stødt nelliker

INSTRUKTIONER

a) Forvarm ovnen til 325°F.

b) I en mellemstor gryde varmes sukkeret op over medium varme, under konstant omrøring, indtil det smelter og bliver gyldenbrunt.

c) Hæld det smeltede sukker i en 9-tommer flan form, hvirvlende for at belægge bunden og siderne af formen.

d) Opvarm den tunge fløde, sødmælk, chai-teposer, kanelstang, ingefær, nelliker og salt i en lille gryde over medium varme, under konstant omrøring, indtil det lige simrer.

e) Fjern fra varmen og lad trække i 10 minutter.

f) I en separat skål piskes æggeblommerne sammen.

g) Fjern teposerne og kanelstangen fra flødeblandingen og hæld blandingen gennem en finmasket sigte ned i æggeblommerne under konstant piskning.

h) Hæld blandingen i flanformen.

i) Placer formen i et stort ovnfast fad, og fyld fadet med nok varmt vand til at komme halvvejs op ad formens sider.

j) Bages i 50-60 minutter, eller indtil flanen er stivnet og svinger lidt, når den rystes.

k) Tag den ud af ovnen og lad den køle af til stuetemperatur, inden den sættes på køl i mindst 2 timer eller natten over.

l) For at servere skal du køre en kniv rundt om kanterne af formen og vende den på et serveringsfad.

66.Chai Nut Is sandwich

INGREDIENSER:
- 2 kopper soja- eller hampemælk (fuldfedt)
- ¾ kop fordampet rørsukker
- ¼ tsk stødt kanel
- ¼ teskefuld malet ingefær
- 1 tsk vaniljeekstrakt
- 1½ dl rå cashewnødder
- 4 chai teposer
- 1/16 tsk guargummi

INSTRUKTIONER:

a) I en stor gryde kombineres mælk og sukker. Over medium varme bringes blandingen i kog, mens der piskes ofte.

b) Når det når et kog, sænk varmen til medium-lav og pisk konstant, indtil sukkeret er opløst, cirka 5 minutter.

c) Fjern fra varmen, tilsæt kanel, ingefær og vanilje, og pisk for at kombinere.

d) Læg cashewnødderne og chai-teposerne i bunden af en varmebestandig skål og hæld den varme mælkeblanding over dem. Lad køle helt af. Når de er afkølet, klemmes teposerne ud og kasseres.

e) Overfør blandingen til en foodprocessor eller højhastighedsblender, og kør den, indtil den er glat, og stop med at skrabe siderne ned efter behov.

f) Mod slutningen af din forarbejdning, drys guargummiet i og sørg for, at det er godt indarbejdet.

g) Hæld blandingen i skålen på en 1½- eller 2-quart ismaskine og bearbejd i henhold til producentens anvisninger. Opbevar i en lufttæt beholder i fryseren i mindst 2 timer, inden sandwichene samles.

AT LAVE SANDWICHES

h) Lad isen blive lidt blød, så den er nem at øse. Læg halvdelen af småkagerne, bunden opad, på en ren overflade. Hæld en generøs skefuld is, ca. ⅓ kop, på toppen af hver småkage.

i) Top isen med de resterende småkager, med småkagebundene, der rører isen. Tryk forsigtigt ned på småkagerne for at jævne dem.

j) Pak hver sandwich ind i plastfolie eller vokspapir og sæt den tilbage i fryseren i mindst 30 minutter, før du spiser.

67.Indisk Masala Chai Affogato

INGREDIENSER:

- 1 skefuld masala chai gelato eller is
- 1 skud chai te
- knuste kardemommefrø
- knuste pistacienødder

INSTRUKTIONER

a) Læg en kugle masala chai gelato eller is i et serveringsglas.

b) Hæld et skud chai te over gelatoen.

c) Drys med knuste kardemommefrø.

d) Pynt med knuste pistacienødder.

e) Server straks og nyd den varme og aromatiske smag af indisk masala chai.

68.Chai-Coconut Milk Boba Popsicles

INGREDIENSER:

- 1 kop tilberedt Boba
- 8 ounce Chai koncentrat
- 8 ounces kokosmælk
- 10 ispinde

INSTRUKTIONER:

a) For at tilberede Boba: Følg enten pakkens anvisninger, eller hvis du køber det i løs vægt, kombiner ¾ kopper tørret boba med 6 kopper kogende vand. Når bobaen begynder at flyde (på blot et par minutter), skrues varmen til medium og lad den simre i 12 minutter. Efter 12 minutter skal du slukke for varmen og lade bobaen sidde i det opvarmede vand i yderligere 15 minutter. Fjern med en hulske.

b) Kom boba, chai og kokosmælk i en skål eller krukke og lad det sidde i 30 minutter.

c) Efter tredive minutter, si væsken fra bobaen, og beholder væsken. Hæld bobaen jævnt i popsicle-formene.

d) Placer chai-mælk-blandingen i et målebæger eller en anden beholder med en tud for at gøre det lettere at hælde. Hæld chai jævnt i popsicle formene.

e) Læg låget på popsicle-formen oven på de fyldte forme. Læg et ark folie over låget for at hjælpe med at sikre ispindene. Stik pindene i formene og stil dem i fryseren. Frys helt ned.

f) For at fjerne ispindene fra formene køres formene (ikke den blotlagte top med pinden) under varmt vand i et par sekunder, indtil ispindene let kan fjernes.

69.Chai Latte cupcakes

INGREDIENSER:

TIL CHAI KRYDDERMIXET:
- 2 og ½ tsk stødt kanel
- 1 og ¼ tsk malet ingefær
- 1 og ¼ tsk stødt kardemomme
- ½ tsk stødt allehånde

TIL CUPCAKES:
- 1 pose chai te
- ½ kop (120 ml) sødmælk ved stuetemperatur
- 1 og ¾ kopper (207 g) kagemel (skænket og udjævnet)
- 3 og ½ tsk chai krydderiblanding (ovenfor)
- ¾ tsk bagepulver
- ¼ teskefuld bagepulver
- ¼ tsk salt
- ½ kop usaltet smør, blødgjort
- 1 kop granuleret sukker
- 3 store æggehvider, ved stuetemperatur
- 2 tsk ren vaniljeekstrakt
- ½ kop creme fraiche eller almindelig yoghurt ved stuetemperatur

TIL CHAI SPICE SMØRCREMEN:
- 1 og ½ kop usaltet smør, blødgjort
- 5,5 – 6 kopper konditorsukker
- 2 tsk chai krydderiblanding, delt
- ¼ kop tung fløde
- 2 tsk ren vaniljeekstrakt
- En knivspids salt

VALGFRI TIL GARNISERING:
- Kanelstænger

INSTRUKTIONER:

FORBERED CHAI KRYDDERMIX:
a) Kombiner alle chai-krydderierne for at skabe krydderiblandingen. Du skal bruge 5 og ½ teskefulde i alt til cupcakedejen, smørcremen og pynten.

b) Varm mælken op, indtil den er varm (men ikke kogende), og hæld den derefter over chai-teposen. Lad det trække i 20-30 minutter.

Sørg for, at chaimælken er ved stuetemperatur, før du bruger den i cupcakedejen. Dette kan tilberedes dagen før og stilles på køl.

c) Forvarm ovnen til 350°F (177°C) og beklæd en muffinform med cupcakes. Forbered en anden pande med 2-3 liners som denne opskrift

LAV CUPCAKES:

d) I en separat skål piskes kagemel, 3 og ½ teskefulde chai-krydderiblanding, bagepulver, natron og salt sammen. Sæt denne tørre blanding til side.

e) Brug en håndholdt eller ståmixer til at piske smør og perlesukker, indtil det er glat og cremet (ca. 2 minutter). Skrab siderne af skålen ned efter behov. Tilsæt æggehviderne og fortsæt med at piske indtil de er blandet (ca. 2 minutter mere). Bland cremefraiche og vaniljeekstrakt i.

f) Ved lav hastighed tilsættes gradvist de tørre ingredienser til den våde blanding. Bland indtil det lige er inkorporeret. Derefter, mens røremaskinen stadig er på lavt, hæld langsomt chai-mælken i, mens du blander, indtil det lige er blandet. Undgå overblanding; dejen skal være let tyk og aromatisk.

g) Fordel dejen i cupcake-foringer, og fyld hver ca. ⅔ fuld.

h) Bages i 20-22 minutter, eller indtil en tandstik indsat i midten kommer ren ud.

i) Til mini cupcakes bages i cirka 11-13 minutter ved samme ovntemperatur. Lad cupcakes køle helt af inden frosting.

j) Lav Chai Spice Buttercream: Brug en håndholdt eller stativ mixer udstyret med en pagajtilbehør, og pisk det blødgjorte smør på medium hastighed, indtil det er cremet (ca. 2 minutter). Tilsæt 5½ kopper (660 g) konditorsukker, tung fløde, 1¾ tsk chai-krydderiblanding, vaniljeekstrakt og en knivspids salt.

k) Start på lav hastighed i 30 sekunder, øg derefter til høj hastighed og pisk i 2 minutter. Hvis frostingen virker ujævn eller fedtet, tilsæt mere konditorsukker for at opnå en jævn konsistens.

l) Du kan tilføje op til en ekstra ½ kop konditorsukker, hvis det er nødvendigt. Hvis frostingen er for tyk, tilsæt en spiseskefuld fløde. Smag til og juster saltet, hvis frostingen er for sød.

m) Frost de afkølede cupcakes og pynt som ønsket. Brug en Wilton 8B rørspids, tilsæt kanelstænger til dekoration og drys med en blanding af den resterende chai-krydderiblanding og en knivspids granuleret sukker.
n) Opbevar eventuelle rester i køleskabet i op til 5 dage.
o) Nyd dine hjemmelavede chai latte cupcakes!

70.Masala Chai Panna Cotta

INGREDIENSER:
- ¼ kop mælk
- 1 spsk teblade
- 1 kanelstang
- 2 nelliker Kardemomme
- ½ tsk Muskatnød
- 2 kopper frisk fløde
- ⅓ kop sukker
- En knivspids sort peber
- 1 tsk vaniljeekstrakt
- 1 tsk gelatine
- 3 spsk koldt vand

INSTRUKTIONER:

a) Start med at smøre indersiden af fire seks-ounce ramekins med en smule olie. Tør dem for at fjerne overskydende olie.

b) Kombiner mælk, teblade, kanel, kardemomme og muskatnød i en gryde. Bring det i kog, reducer derefter varmen og lad det simre i 2-3 minutter.

c) Tilsæt fløde, sukker og en knivspids sort peber til gryden. Pisk ved svag varme, indtil sukkeret er helt opløst. Bland vaniljeekstrakten i.

d) Mens blandingen simrer, blomstre gelatinen ved at tilføje den til koldt vand. Når det er fuldt blomstret, skal du inkorporere det i panna cotta-blandingen, så du sikrer, at det er godt kombineret.

e) Si blandingen ved hjælp af en sigte og ostelærred for at fjerne eventuelle resterende sedimenter. Fordel denne glatte blanding i de forberedte ramekins og lad dem afkøle til stuetemperatur. Stil dem bagefter på køl i minimum 3 timer, men de kan stå på køl i op til et døgn.

f) For at løsne panna cottaen skal du forsigtigt køre en kniv langs kanterne på hver ramekin. Dyp derefter kort ramekins i varmt vand i cirka 3-4 sekunder. Lad dem sidde i yderligere 5 sekunder og vend dem derefter på en tallerken. Giv et blidt tryk for at hjælpe panna cottaen med at slippe.

g) Nyd din udsøgte Masala Chai Panna Cotta!

71.Chai-krydret rispudding

INGREDIENSER:

TIL RISEN:
- 1½ dl vand
- 1 (3-tommer) kanelstang
- 1 hel stjerneanis
- 1 kop jasminris

TIL BUDDINGEN:
- 1 ¼ tsk stødt kanel, plus mere til pynt
- 1 tsk malet ingefær
- ¾ tsk stødt kardemomme
- ½ tsk kosher salt
- Knip kværnet sort peber
- 1 tsk vaniljeekstrakt
- 3 (13 ½-ounce) dåser usødet kokosmælk, delt
- 1 kop pakket brun farin
- Ristede kokosflager, valgfri pynt

INSTRUKTIONER:

a) Kombiner vandet, kanelstangen og stjerneanis i en 4-liters gryde, og bring vandet i kog over medium-høj varme. Tilsæt risene og skru ned for varmen. Dæk gryden til og damp den til den ikke længere er sprød, cirka 15 minutter.

b) Kombiner krydderierne i en lille skål. Tilsæt vaniljeekstrakt og ¼ kop kokosmælk til krydderierne, og pisk for at skabe en jævn pasta. Dette forhindrer krydderierne i at klumpe sig sammen, når du tilføjer dem til de dampede ris.

c) Når risene er færdigkogte, tilsættes 4 kopper af kokosmælken og krydderipastaen i gryden. Skrab bunden af gryden for at løsne eventuelle ris, der måtte sidde fast.

d) Bring blandingen til en blid simre ved lav varme, uden låg, og kog uden omrøring i 15 minutter. Overfladen af risengrøden skal udvikle små bobler; hvis store, hurtigt bevægende bobler bryder mælkens overflade, sænk temperaturen. Rør ikke i det, fordi du ikke ønsker, at risene skal gå i stykker. Der vil dannes et skind på overfladen, men det er fint!

e) Efter 15 minutter, tilsæt brun farin og rør buddingen (rør også eventuelt skind, der er dannet). Når du skraber bunden af gryden, vil det lyde som raslende papir. Lad det simre i yderligere 20 minutter under jævnlig omrøring, eller indtil buddingen er tyknet til mayonnaisekonsistensen.

f) Fjern kanelstangen og stjerneanis fra buddingen og kassér. Overfør buddingen til et lavt fad (som en tærtefad eller ildfast fad) og stil den uden låg på køl, indtil den er kold, mindst 3 timer eller op til natten over.

g) Lige inden servering røres den resterende kokosmælk i. Fordel buddingen i individuelle serveringsfade og pynt med et drys stødt kanel og ristede kokosflager.

h) Opbevar eventuelle rester i en tildækket beholder i køleskabet i op til 3 dage.

72.Chai Cheesecake

INGREDIENSER:
CHAI KRYDDERIBLANDING
- 1 tsk malet ingefær
- 1 tsk stødt kanel
- ½ teskefuld hver af stødt nelliker, muskatnød og kardemomme

SKORPE
- 7 ounce Biscoff/Speculoos kiks, fint knust
- 1 ounce smør, smeltet
- 1½ tsk Chai krydderiblanding

OSTEKAGEFYLD
- 16 ounce flødeost, blødgjort
- ½ kop hobet granuleret sukker
- 2 ounces creme fraiche
- 1 ounce Heavy Cream
- 1 vaniljestang, skrabet
- 2 tsk Chai krydderiblanding
- 2 store æg ved stuetemperatur

TOPPING
- 8 ounces kraftig piskefløde
- 1 tsk vaniljeekstrakt
- 2 spiseskefulde pulveriseret sukker
- 2 teskefulde tørmælkspulver

INSTRUKTIONER:
CHAI KRYDDERIBLANDING
a) Forvarm ovnen til 350F og smør en 8-tommer springform eller 8-tommer pande med en aftagelig bund. Læg det til side.
b) I en lille skål kombineres malet ingefær, kanel, nelliker, muskatnød og kardemomme. Pisk indtil godt blandet. Sæt til side.

SKORPE
c) Tilsæt Biscoff-kiks i en foodprocessor og pulsér indtil de bliver fine krummer.

d) Tilsæt krummer, 1 ½ tsk Chai Krydderier og smeltet smør i en stor skål. Bland for at kombinere.

e) Pres blandingen jævnt op ad siderne og bunden af gryden. Bages i 10 minutter i ovnen.

OSTEKAGE

f) Tilsæt flødeost til skålen med en elektrisk mixer udstyret med en pagajtilbehør. Pisk i et minut.

g) Tilsæt sukker, creme fraiche, tung fløde, vaniljebønner og 2 teskefulde Chai Spice. Bland indtil kombineret.

h) Når det er blandet, tilsæt et æg ad gangen, indtil det er blandet. Undgå overblanding for at forhindre revner.

i) Hæld cheesecakeblandingen i den forbagte skorpe.

j) Placer gryden i en 10-tommer rund gryde eller pak et tykt lag folie rundt om og op ad grydens sider (dette forhindrer vand i at komme ind i gryden).

k) Læg panderne i en bradepande og hæld vand i bradepanden, indtil det er halvvejs op ad siderne af cheesecake-formene. Pas på ikke at sprøjte vand inde i cheesecaken.

l) Bages i 60-70 minutter, eller indtil kun midten af cheesecaken rykker.

m) Når den er bagt, sluk for ovnen og lad cheesecaken køle af i ovnen i 1 time. Afkøl derefter på bordet i yderligere en time og stil på køl i mindst 8 timer. Overnatning er bedst.

TOPPING

n) Pisk den tunge fløde, vaniljeekstrakt, pulveriseret sukker og tørmælkspulver i skålen med en elektrisk mixer med et piskeris, indtil der dannes stive toppe.

o) Tilsæt flødeskum i en sprøjtepose udstyret med en stjernespids og rør det på den afkølede cheesecake.

p) Drys de resterende Chai-krydderier ovenpå cheesecaken og flødeskummet.

q) Opbevares i køleskabet.

73.Masala Chai Tiramisu

INGREDIENSER:

TIL MASALA CHAI:

- 1 kop halv og halv eller sødmælk
- ¼ kop tung fløde
- ½ tomme frisk ingefær, stødt groft i en morterstøber
- 1,5 spsk løs sort te eller 3 sorte teposer
- 1 tsk chai masala
- 2 spsk sukker

TIL MASCARPONE-Flødeskum:

- 8 ounce mascarponeost ved stuetemperatur
- 1,5 kop tung fløde
- ½ kop granuleret sukker (kan gå ned til ⅓ kop)
- 1,5 tsk chai masala
- 20 ladyfingers

FOR CHAI MASALA:

- 8 grønne kardemommebælg
- 2 nelliker
- Knip anis pulver
- ¼ tsk muskatnød, friskrevet
- ¼ tsk sort peberpulver
- ½ tsk stødt kanel

INSTRUKTIONER:

GØR CHAI MASALAEN:

a) Åbn kardemommebælgerne og stød frøene fint sammen med nelliker i en morter og støder eller brug en dedikeret krydderi-/kaffekværn.

b) Bland den pulveriserede kardemomme og nelliker i en lille skål med anis, muskatnød, sort peberpulver og stødt kanel. Din chai masala er klar.

GØR MASALA CHAI:

c) I en lille gryde kombineres halvt og halvt og tung fløde. Sæt på et komfur. Når du ser bobler på siderne af gryden, tilsæt ingefær, chai masala, sorte teblade og sukker.

d) Lad det koge op og reducer derefter varmen til lav-medium. Lad chaien trække i 5-8 minutter. Hold godt øje for at undgå forbrænding.

e) Når chaien er brygget og er tyk og af en intens brun farve, si den ved hjælp af en te-si over i en stor kop og lad den køle af.

f) Der dannes en hinde efterhånden som chaien afkøles, hvilket er naturligt, så sigt det igen i et lille fad.

LAV DEN PISKEDE MASCARPONE:

g) Tilsæt den blødgjorte mascarpone sammen med chai masala og 2-3 spsk tung fløde. Pisk på medium med en røremaskine eller håndmikser i 30-45 sekunder, indtil den er let luftig.

h) Tilsæt resten af den tunge fløde til skålen og pisk indtil du ser bløde toppe. Tilsæt langsomt sukkeret og fortsæt med at piske indtil du ser stive toppe.

SAMLER TIRAMISUEN:

i) Dyp ladyfingers i masala chai i maks. 3 sekunder (ellers bliver de bløde). Læg dem i et enkelt lag i bunden af en 8x8 pande. Undgå at pakke ladyfingers for stramt.

j) Tilsæt halvdelen af den piskede mascarponeblanding oven på ladyfingers. Glat det ud med en spatel.

k) Gentag med endnu et lag chai-dyppede ladyfingers. Læg den resterende mascarponeblanding ovenpå og brug en spatel til at glatte den ud.

l) Dæk gryden til med husholdningsfilm og stil på køl i mindst 6 timer (gerne natten over).

m) Drys med lidt chai masala inden servering.

74.Chai Spice Æblesprød

INGREDIENSER:

TIL CHAI SPICE ÆBLEFYLDET:
- 10 mellemstore æbler, skrællet og skåret i ¼" skiver
- 2 tsk frisk citronsaft
- 2 spsk universalmel
- ½ kop granuleret sukker
- 1 og ½ tsk stødt kanel
- 1 tsk malet ingefær
- ½ tsk muskatnød
- ¼ teskefuld nelliker
- ¼ tsk allehånde
- ¼ tsk stødt kardemomme
- ⅛ teskefuld malet sort peber

TIL HAVREGRØD CHAI CRISP TOPPING:
- 8 ounce usaltet smør, ved stuetemperatur, skåret i tern
- 1 og ½ kop gammeldags havre
- ¾ kop granuleret sukker
- ¾ kop lys brun farin, fast pakket
- ¾ tsk stødt kanel
- ½ tsk malet ingefær
- ¼ teskefuld stødt nelliker
- ¼ tsk allehånde
- ¼ tsk stødt kardemomme
- ⅛ teskefuld malet sort peber
- 1 kop universalmel

INSTRUKTIONER:
TIL CHAI SPICE ÆBLEFYLDET:
a) Forvarm ovnen til 375 grader (F). Smør let en 9x13-tommer bradepande.
b) Læg de skårne æbler i en stor skål og vend dem med citronsaft.
c) I en mellemstor skål kombineres mel, sukker og krydderier. Drys denne blanding over æblerne og vend godt til belægning.
d) Hæld æbleblandingen i det tilberedte bradefad og stil til side, mens du laver crumb toppingen.

TIL HAVREGRØD CHAI CRISP TOPPING:
e) I en stor skål kombineres havre, sukker, krydderier og mel.
f) Tilsæt smør i tern og skær smørret i de tørre ingredienser med to gafler eller en konditorblender, indtil blandingen ligner et groft måltid.
g) Drys toppingen jævnt over æblerne.
h) Sæt gryden i ovnen og bag i 45 til 50 minutter, eller indtil toppen er gyldenbrun og æblerne bobler.
i) Tag den ud af ovnen og stil gryden på en rist. Serveres lun, gerne med is.

75.Chai-krydrede chokoladetrøfler

INGREDIENSER:

- 200 gram kokoscreme
- 2 teskefulde Chai Masala/ Chai Krydderipulver
- 400 gram mørk chokolade, ved stuetemperatur
- 2 spsk Kakaopulver, til rulning af trøflerne

INSTRUKTIONER:

a) I en lille gryde, varm knap nok fløden. Tilsæt chai-krydderiet.

b) Lad cremen og krydderierne trække i 15 minutter. For en mere potent smag, lad cremen trække i 30-60 minutter.

c) Nu kan du si cremen eller bruge den som den er. Jeg valgte at bruge den uanstrengt.

d) Genopvarm fløden til en bar varm igen og tilsæt chokoladen. Rør forsigtigt, indtil al chokoladen er smeltet og er glat og skinnende.

e) Overfør til en lav skål og stil på køl i 30-40 minutter.

f) Brug en lille kageske eller en spiseske til at tage små kugler ud.

g) Du kan stille dem på køl i 10-15 minutter. Rul til glatte kugler og stil dem på køl igen i et par minutter.

h) Rul trøflerne i kakaopulver, server med det samme, og nyd!

76. Chai is

INGREDIENSER:

- 2 stjerneanis stjerner
- 10 hele nelliker
- 10 hele allehånde
- 2 kanelstænger
- 10 hele hvide peberkorn
- 4 kardemommebælge, åbnet for frø
- ¼ kop fyldig sort te (Ceylon eller engelsk morgenmad)
- 1 kop mælk
- 2 kopper tung fløde (delt, 1 kop og 1 kop)
- ¾ kop sukker
- En knivspids salt
- 6 æggeblommer (se hvordan æg adskilles)

INSTRUKTIONER:

a) I en tyk gryde lægges 1 kop mælk, 1 kop fløde og chai-krydderierne - stjerneanis, nelliker, allehånde, kanelstænger, hvide peberkorn og kardemommebøjler og en knivspids salt.

b) Opvarm blandingen, indtil den er dampende (ikke kogende) og varm at røre ved. Sænk varmen til varm, dæk til og lad stå i 1 time.

c) Genopvarm blandingen, indtil den er dampende varm igen (igen ikke kogende), tilsæt de sorte teblade, fjern fra varmen, rør teen i og lad den trække i 15 minutter.

d) Brug en finmasket si til at si te og krydderierne ud, og hæld den infunderede mælkeflødeblanding i en separat skål.

e) Kom mælke-flødeblandingen tilbage i den tykbundede gryde. Tilsæt sukkeret til mælke-flødeblandingen og varm op under omrøring, indtil sukkeret er helt opløst.

f) Mens teen trækker i det foregående trin, tilbered den resterende 1 kop fløde over et isbad.

g) Hæld cremen i en mellemstor metalskål, og stil den i isvand (med masser af is) over en større skål. Sæt en netsi oven på skålene. Sæt til side.

h) Pisk æggeblommerne i en mellemstor skål. Hæld langsomt den opvarmede mælkeflødeblanding i æggeblommerne, mens du pisk konstant, så æggeblommerne tempereres af den varme blanding, men ikke koges af den. Skrab de varme æggeblommer tilbage i gryden.

i) Sæt gryden tilbage på komfuret, rør hele tiden rundt i blandingen over middel varme med en træske, skrab bunden, mens du rører, indtil blandingen tykner og dækker skeen, så du kan køre fingeren hen over belægningen, og belægningen ikke løber. Dette kan tage omkring 10 minutter.

j) I det øjeblik dette sker, skal blandingen fjernes fra varmen med det samme og hældes gennem sien over isbadet for at stoppe tilberedningen i næste trin.

COCKTAILS OG MOCKTAILS

77.Chai Ginger Bourbon Cocktail

INGREDIENSER:

- 8 ounce bourbon whisky
- 1 sort tepose
- 4 ounces ingefærøl
- ½ ounce simpel sirup
- ½ ounce frisk citronsaft
- 1 skvæt appelsinbitter
- Kanelstænger til pynt

INSTRUKTIONER:

a) Varm bourbon op i en lille gryde ved meget lav varme lige indtil den er varm; fjern derefter fra varmen.

b) Tilføj en tepose til den varme bourbon og lad den trække i 10 minutter. Lad det køle af.

c) For at lave 1 cocktail skal du tilføje 2 ounce chai-te-infunderet whisky, ingefærøl, simpel sirup, frisk citronsaft og appelsinbitter til en cocktailshaker.

d) Dæk til og ryst, indtil det er godt blandet og afkølet.

e) Si blandingen i et 8-ounce glas fyldt med is.

f) Pynt med kanelstænger.

g) Nyd din Chai Ginger Bourbon Cocktail!

78.Chai Martini

INGREDIENSER:

- 2 ounce vodka
- 1 ounce afkølet chai koncentrat
- ½ ounce friskpresset citronsaft
- Et skvæt stødt kanel
- Isterninger efter behov

TIL FÆLGEN:

- ¼ tsk stødt kanel
- 2 tsk sukker

INSTRUKTIONER:

a) Kombiner stødt kanel og sukker, og læg det derefter i et lille fad. Gnid forsigtigt kanten af et afkølet glas med lime og dyp det i kanelsukkerblandingen.

b) Fyld en cocktailshaker med isterninger.

c) Tilsæt vodka, afkølet chai-tekoncentrat, frisk citronsaft og en knivspids stødt kanel til shakeren.

d) Ryst blandingen kraftigt i cirka 30 sekunder for at afkøle ingredienserne.

e) Hæld blandingen i et martini glas.

f) Afslut med at pynte med en kanelstang og server straks."

INGREDIENSER:

- 2 kopper Chai Likør
- 2 kopper vodka
- 2 kopper tung fløde

INSTRUKTIONER:

a) Forbered Chai Likøren.
b) Kombiner lige dele vodka og Chai Likør i et gammeldags glas fyldt med is.
c) Afslut med at toppe den med en lige stor mængde tung creme.

80.Vanilje Chai gammeldags

INGREDIENSER:

- 2 ounce Crown Royal Vanilla
- 1 ounce citronsaft
- 1 skvæt appelsinbitter
- 1-2 ounce chai te sirup
- Sprudlende vand, til topping
- Kanel og stjerneanis, til pynt

INSTRUKTIONER:

a) Kombiner Crown Royal Vanilla, citronsaft, appelsinbitter og chaisirup i en cocktailshaker. Ryst godt for at blande smagene.

b) Si blandingen over i et glas.

c) Hvis det ønskes, toppes det med sprudlende vand.

d) Pynt din drink med et drys kanel og stjerneanis for det ekstra strejf af elegance.

81.Chai Hot Toddy opskrift

INGREDIENSER:

- 3 kopper vand
- 1 kanelstang
- 6 hele nelliker
- 6 kardemommebælg, let knuste
- 2 chai teposer
- ¼ kop krydret rom eller bourbon
- 2 spsk honning
- 1 spsk friskpresset citronsaft eller 2 citronbåde

INSTRUKTIONER:

a) I en mellemstor gryde kombineres vand, kanelstænger, nelliker og let knuste kardemomme. Hvis du har en te-infuser, kan du lægge krydderierne i den for at undgå at blive anstrengt senere. Bring blandingen i kog.

b) Tag gryden af varmen og tilsæt chai teposerne. Dæk til og lad dem trække i 15 minutter. Si derefter blandingen gennem en finmasket sigte for at fjerne teposer og krydderier.

c) Kom den krydrede te tilbage i gryden og varm den op igen, indtil den er varm.

d) Rør den krydrede rom (eller bourbon), honning og citronsaft i, hvis du foretrækker det. Bland godt.

e) Fordel den varme toddy mellem to opvarmede krus og server med det samme. Alternativt kan du servere hvert krus med en citronskive til at presse juice i efter smag. God fornøjelse!

82.Tranebær Chai Sangria

INGREDIENSER:

- 1½ dl tranebærjuice
- 2 chai teposer
- 1 flaske pinot noir
- 1 kop seltzer med citrussmag
- ½ kop ingefær brandy
- 2 æbler, skåret i tynde skiver
- 2 appelsiner, skåret i tynde skiver
- 1 pære, skåret i tynde skiver
- 1 kop friske tranebær
- 1 kanelstang, plus ekstra til pynt

INSTRUKTIONER:

a) Varm tranebærsaften op i en gryde ved svag varme, indtil den næsten simrer. Fjern fra varmen og tilsæt chai teposerne. Lad dem trække i 15 minutter. Smag til for at tjekke, om det er chai-krydret nok; du kan gentage processen med en ny tepose, hvis det ønskes.

b) Kombiner de skåret æbler, pærer, tranebær og appelsinskiver i en kande. Tilsæt en kanelstang.

c) Hæld den gennemblødte chai-tranebærjuice, pinot noir, seltzer med citrussmag og ingefærbrandy i. Rør godt sammen.

d) Hvis det ønskes, lad sangriaen sidde i 30 minutter for at lade smagen smelte sammen.

e) For at servere fyldes et glas med is og appelsinskiver. Hæld chaisangria over toppen og pynt med lidt af frugten og et par kanelstænger. God fornøjelse!

83.Chai Sparkler

INGREDIENSER:
- 8 ounces Masala Chai koncentrat
- 8 ounces mousserende mineralvand
- Et skvæt lime

INSTRUKTIONER:
a) Fyld et glas med is.
b) Tilsæt Masala Chai Concentrate til glasset.
c) Hæld sprudlende mineralvand i.
d) Pres en lime ud over blandingen.
e) Rør ingredienserne for at inkorporere.
f) Pynt med en limeskal eller skive.
g) Nyd din forfriskende Chai Sparkler!

84.Chai hindbær limonade

INGREDIENSER:

- ¾ kop is
- 1 ounce limonadekoncentrat, 7+1, optøet
- 1 ounce hindbærsirup
- 2 ounce Original Chai Tea Latte
- 6 ounce citron-lime sodavand
- 2 friske røde hindbær
- 1 skive citron, skåret og skåret i skiver

INSTRUKTIONER:

a) Vask dine hænder og alle friske, uemballerede produkter under rindende vand. Dræn godt af.
b) Placer is i et 16-ounce drikglas.
c) Hæld limonadekoncentratet, hindbærsirup, chai-tekoncentrat og citron-lime-sodavand over isen, og bland grundigt med en langskaftet barske.
d) Spid hindbærene eller pluk dem.
e) Skær halvvejs gennem den skivede citron.
f) Læg citron- og hindbærspydet i skiver på kanten af glasset.
g) Nyd din Chai Raspberry Lemonade!

85.Ch ai køler

INGREDIENSER:

- ¾ kop chai, afkølet
- ¾ kop vanilje sojamælk, afkølet
- 2 spsk frossen æblejuice koncentrat, optøet
- ½ banan, skåret i skiver og frosset

INSTRUKTIONER:

a) Kombiner chai, sojamælk, æblejuicekoncentrat og banan i en blender.
b) Blend indtil glat og cremet.
c) Server med det samme.

86.Persisk safran og rose te

INGREDIENSER:

- ½ tsk safran tråde, plus ekstra til pynt
- 1½ ounce pink rosenblade, plus ekstra til pynt
- 4 stykker stjerneanis, plus en ekstra til pynt
- 4 grønne kardemommebælge, let knuste
- 4 tsk honning
- 2 tsk citronsaft

INSTRUKTIONER:

a) I en gryde koges safranstrengene, rosenbladene, stjerneanis og kardemommebælge med 5 kopper vand.

b) Si i 6 glas. Rør 1 tsk honning og ½ tsk citronsaft i hvert glas.

c) Pynt med et par safranstrenge, rosenblade og stjerneanis, og server mens de er varme.

INGREDIENSER:

- 1 kop stærk brygget kamillete, afkølet
- 1 spsk honning eller simpel sirup (tilpas efter smag)
- ¼ tsk stødt kanel
- ¼ tsk vaniljeekstrakt
- 2 spsk hakkede pistacienødder (til pynt)
- Knust is
- Citronskive (til randning af glasset)
- Hakkede valnødder (til pynt)

INSTRUKTIONER:

a) Bryg en kop kamillete og lad den køle af i køleskabet.

b) Bland en lille mængde stødt kanel og sukker i et lavt fad. Rand glasset med en citronskive, og dyp det derefter i kanel-sukkerblandingen for at dække kanten.

c) Fyld glasset med knust is.

d) Kombiner den afkølede kamillete, honning eller simpel sirup, stødt kanel og vaniljeekstrakt i en shaker. Ryst godt for at kombinere.

e) Si blandingen over i det forberedte glas over den knuste is.

f) Pynt mocktailen med hakkede pistacienødder og et drys hakkede valnødder på toppen.

g) Du kan eventuelt tilføje et citrontwist for en ekstra smagsoplevelse.

h) Rør forsigtigt, før du nipper til, og nyd Baklava Bliss Mocktail!

88.Pink peberkorn te

INGREDIENSER:

- 1 spsk pink peberkorn, knust
- 3½ ounce sukker
- 4 tsk Darjeeling teblade
- 8 kviste friske mynteblade

INSTRUKTIONER:

a) I en gryde kombineres peberkornene med sukkeret og 4 ounce vand.
b) Lad det simre i 6 minutter.
c) Si blandingen over i en anden gryde, tilsæt 4 kopper vand og bring det i kog.
d) Tilsæt teblade og mynteblade, og brygg i 1 minut.
e) Si teen i 4 kopper.

89.Lime Og Te Mocktail

INGREDIENSER:

- 2 kopper stærk brygget sort te, afkølet
- ¼ kop frisk limesaft
- 2 spsk honning
- ½ tsk revet limeskal
- ¼ tsk stødt kardemomme
- Isterninger
- Club sodavand
- Limeskiver til pynt

INSTRUKTIONER:

a) Kombiner den afkølede bryggede sorte te, frisk limesaft, honning, limeskal og malet kardemomme i en kande.

b) Rør godt rundt, indtil honningen er helt opløst, og smagene er infunderet.

c) Fyld glas med isterninger og hæld te-limeblandingen over isen, så der er lidt plads i toppen.

d) Top hvert glas med club soda for en boblende finish.

e) Pynt med limeskiver for en levende præsentation.

f) Rør forsigtigt rundt for at blande smagene.

g) Nyd Arabian Lime and Tea Mocktail som en revitaliserende godbid.

INGREDIENSER:

- 2 kopper stærk brygget chai te
- ½ tsk malet ingefær
- ¼ tsk stødt kardemomme
- ¼ tsk stødt kanel
- 2 spsk honning
- Isterninger
- Citronskiver til pynt

INSTRUKTIONER:

a) Bryg chai te, gør den stærk.
b) I en skål blandes den bryggede chai-te med malet ingefær, malet kardemomme, stødt kanel og honning.
c) Rør godt, indtil krydderierne er helt indarbejdet.
d) Fyld glas med isterninger.
e) Hæld den krydrede chai blanding over isen.
f) Pynt med citronskiver.

91.Appelsin og granatæble melasse te

INGREDIENSER:
- 100 ml frisk appelsinjuice
- 200 ml sodavand
- ½ spsk granatæble melasse
- Friskbrygget iste (valgfrit)
- Isterninger (valgfrit)

INSTRUKTIONER:
a) Hæld frisk appelsinjuice og granatæblemelasse i et glas.
b) Hvis det ønskes, tilsæt en sjat friskbrygget iste for et ekstra lag smag.
c) Rør ingredienserne for at blande smagene.
d) Hvis du har isterninger, skal du tilføje et par stykker for at øge chill-faktoren.
e) Drik din appelsin- og granatæblemelasse Iced Tea Mocktail gennem et sugerør og nyd den kølige og livlige smag.
f) Nyd enkelheden ved denne forfriskende drink - perfekt til en varm sommerdag!

92.Kamille Citrus Bliss

INGREDIENSER:
- 2 kopper brygget kamillete, afkølet
- ½ kop appelsinjuice
- 1 spsk honning
- Tynde skiver appelsin til pynt
- Isterninger
- Friske kamilleblomster til pynt (valgfrit)
- Valgfrit: Kanelstang

INSTRUKTIONER:
a) Kombiner den afkølede kamillete, appelsinjuice og honning i en røreskål, omrør indtil godt blandet.
b) Fyld to glas med isterninger og hæld Chamomile Citrus Serenity over isen.
c) Hvis det ønskes, tilsæt en valgfri kanelstang for et strejf af varme og krydderi.
d) Pynt hvert glas med tynde skiver af appelsin og, hvis de er tilgængelige, friske kamilleblomster for en dejlig præsentation.
e) Rør forsigtigt og nyd den beroligende kombination af kamille og citrus i denne Chamomile Citrus Serenity.

93.Hibiscus-Ingefær On The Rocks

INGREDIENSER:

- 1½ ounce tørrede hibiscus- eller hybenblomster
- 2 nelliker
- 1 tsk brun farin
- 1 tsk grønne teblade
- 2 tsk frisk appelsinskal
- 2 stykker frisk ingefær, fint revet
- is

INSTRUKTIONER:

a) I en gryde eller gryde, kombiner hibiscus blomster, nelliker og brun farin med 1 liter vand og kog over moderat varme.

b) Kog i 5 minutter, indtil sukkeret er opløst.

c) Tilsæt teblade, appelsinskal og ingefær.

d) Tag af varmen og lad teen køle af. Si og stil på køl, indtil den er afkølet.

e) Hæld den afkølede te i 4 glas og server over is.

INGREDIENSER:

- 1 kop hvid druesaft
- 1 kop Hibiscus te
- Isterninger
- ½ kop kulsyreholdigt vand
- Appelsinskiver til pynt

INSTRUKTIONER:

a) Rør den hvide druesaft i hibiscus teen, indtil den er godt blandet.
b) Hæld blandingen over is i 2 store glas.
c) Hæld det kulsyreholdige vand i hvert glas for at tilføje et brusende element til mocktailen.
d) Pynt hvert glas med skiver af frisk appelsin.
e) Rør forsigtigt, før du nipper til, og nyd den livlige smag af denne Hibiscus-Drue Iced Tea Mocktail.

95.Orange Blossom Iced Tea

INGREDIENSER:

- 4 sorte teposer
- 4 kopper varmt vand
- ¼ kop appelsinblomst vand
- Sukker eller honning (tilpas efter smag)
- Isterninger
- Appelsinskiver til pynt

INSTRUKTIONER:

a) Sæt sorte teposer i varmt vand i cirka 3-5 minutter.
b) Tilsæt appelsinblomstvand og sød med sukker eller honning.
c) Rør godt rundt og lad teen køle af, og stil den derefter på køl.
d) Server over isterninger, pyntet med appelsinskiver.

96.Jasmin Jallab

INGREDIENSER:

- 6 spiseskefulde daddelsirup (silan eller dadelhonning)
- 6 spiseskefulde druemelasse
- 6 spiseskefulde granatæblesirup (eller grenadine)
- 3 tsk rosenvand
- Knust is
- 3 spsk pinjekerner (rå), til servering
- 3 spsk gyldne rosiner, til servering
- 1 tepose Jasmin te

INSTRUKTIONER:

a) Bland dadelsirup, druemelasse, granatæblesirup og rosenvand i en karaffel.

b) Tilsæt koldt vand til blandingen og rør grundigt for at kombinere.

c) Læg en tepose med jasmin-te i blandingen og lad den trække.

d) Fyld individuelle glas med knust is.

e) Hæld Jallab-blandingen over isen i hvert glas.

f) Top hvert glas med rå pinjekerner.

g) Rehydrer eventuelt gyldne rosiner ved at placere dem i en lille skål med en Jasmin tepose. Hæld kogende vand over og lad det sidde i 5-10 minutter. Dræn og top din Jallab-drik med rosinerne.

h) Server med det samme og nyd den autentiske smag af Jallab, en ægte smag af levantinsk gæstfrihed. Skål!

97. Egyptisk beduin-te- opfrisker

INGREDIENSER:

- 4 teskefulde beduin-te (eller tørret timian eller tørret salvie)
- 4 teskefulde tørrede økologiske rosenknopper
- 1 kanelstang
- 4 tsk løs sort te (almindelig eller koffeinfri)
- Sukker, hvis det ønskes
- Citronskiver til pynt (valgfrit)

INSTRUKTIONER:

a) Opvarm 4½ dl vand, beduin-te, tørrede rosenknopper, kanelstang og løs sort te i en tekande eller gryde ved høj varme.

b) Når vandet koger, reducer du varmen til lav og lad det simre i 5 minutter.

c) Sluk for varmen, og lad teen trække tildækket i yderligere 5 minutter.

d) Si teen i kopper, så den aromatiske blanding kan fylde luften.

e) Sød med sukker, hvis det ønskes, juster til dit foretrukne niveau af sødme.

f) Pynt hvert glas med en skive citron

g) For et forfriskende twist, lad teen køle af og server den over is.

98.Vimto-inspireret Tea Mocktail

INGREDIENSER:
- 2 kopper stærk arabisk sort te, brygget
- ½ kop Vimto koncentrat (tilpas efter smag)
- 1 spsk honning eller sukker (tilpas efter smag)
- ¼ tsk stødt kanel
- Isterninger
- Friske bær (såsom brombær og hindbær) til pynt
- Mynteblade til pynt

INSTRUKTIONER:
a) Forbered en stærk kop arabisk sort te. Du kan bruge løse teblade eller teposer alt efter din præference.
b) Kombiner den bryggede sorte te i en kande med Vimto-koncentrat, honning eller sukker og stødt kanel.
c) Rør godt rundt for at sikre, at sødemidlet er helt opløst.
d) Lad blandingen køle af til stuetemperatur og sæt den derefter på køl i mindst en time for at køle af og lad smagene smelte sammen.
e) Fyld serveringsglas med isterninger.
f) Hæld den Vimto-inspirerede te-mocktail over isen i hvert glas.
g) Tilsæt en håndfuld friske bær til hvert glas for et udbrud af frugtagtig godhed.
h) Pynt med mynteblade for en forfriskende aroma.
i) Rør forsigtigt for at blande smagene og sikre en jævn fordeling af Vimto-godheden.

99.Arabisk stil safran mynte te

INGREDIENSER:
- Håndfuld friske mynteblade
- Et par tråde safran
- 360-480 ml vand
- Sukker eller honning (valgfrit efter smag)

INSTRUKTIONER:
a) Kom de friske mynteblade og safran i en gryde eller tekande.
b) Kog vand separat og tilsæt 120 ml varmt vand til gryden med mynte og safran. Luk gryden og lad den trække i cirka 10 minutter.
c) Når det er gennemvædet, tilsæt det resterende varme vand til gryden.
d) Hæld teen direkte i glas eller kopper. Eventuelt kan du si det for en mere jævn tekstur.
e) Tilsæt honning eller sukker efter dine smagspræferencer. Rør godt for at opløses.
f) Hvis du laver en individuel kop, kan du forenkle processen ved at hælde varmt vand direkte i koppen med mynte og safran.

100.Tibetansk smørte med fennikel

INGREDIENSER:
- 3 spsk sorte teblade
- 1 spsk fennikelfrø
- 8 ounce sødmælksalt efter smag
- 8 ounce usaltet smør

INSTRUKTIONER:
a) Kog 6½ kopper vand i en gryde.
b) Tilsæt teblade og fennikelfrø og lad det simre i 15 minutter.
c) Tilsæt mælken og bring det i kog igen.
d) Fjern, og lad det trække i 2 minutter.
e) Si teen over i en stor beholder, tilsæt salt og smør og bland godt.

KONKLUSION

Når vi afslutter vores aromatiske rejse gennem "DEN KOMPLETTE BOG AF CHAI," håber vi, at du har oplevet glæden ved at lave, smage og omfavne chai-livsstilen. Hver opskrift på disse sider er en fejring af de forskellige smagsvarianter, kulturelle traditioner og alsidighed, som chai bringer til din kop - et vidnesbyrd om de dejlige muligheder, som denne krydrede drik tilbyder.

Uanset om du har nydt enkelheden af en klassisk masala chai, omfavnet kreative chai-indgydte desserter eller eksperimenteret med salte chai-inspirerede retter, stoler vi på, at disse opskrifter har tændt din passion for chai-livsstilen. Ud over tepotten og krydderierne, må konceptet med at omfavne chai-livsstilen blive en kilde til afslapning, forbindelse og en fejring af den glæde, der følger med hver tår.

Mens du fortsætter med at udforske chai-verdenen, må "DEN KOMPLETTE BOG AF CHAI" være din betroede følgesvend og guide dig gennem en række opskrifter, der viser rigdommen og alsidigheden af denne elskede drik. Her er til at nyde den trøstende varme fra chai, skabe dejlige kreationer og omfavne chai-livsstilen med hvert aromatisk øjeblik. Chai hepper!

Milton Keynes UK
Ingram Content Group UK Ltd.
UKHW031849170324
439575UK00014B/776